Hermann Wagner

Die Entwicklung der wissenschaftlichen Nautik

im Beginn des Zeitalters der Entdeckungen nach neuern Anschauungen

Hermann Wagner

Die Entwicklung der wissenschaftlichen Nautik

im Beginn des Zeitalters der Entdeckungen nach neuern Anschauungen

ISBN/EAN: 9783954270804
Erscheinungsjahr: 2012
Erscheinungsort: Bremen, Deutschland

© maritimepress in Europäischer Hochschulverlag GmbH & Co. KG, Fahrenheitstr. 1, 28359 Bremen. Alle Rechte beim Verlag und bei den jeweiligen Lizenzgebern.

www.maritimepress.de | office@maritimepress.de

Bei diesem Titel handelt es sich um den Nachdruck eines historischen, lange vergriffenen Buches. Da elektronische Druckvorlagen für diese Titel nicht existieren, musste auf alte Vorlagen zurückgegriffen werden. Hieraus zwangsläufig resultierende Qualitätsverluste bitten wir zu entschuldigen.

Die Entwicklung der wissenschaftlichen Nautik
im Beginn des Zeitalters der Entdeckungen
nach neueren Anschauungen

Von Professor Dr. Herrmann Wagner
in Göttingen

Gedruckt in der Königlichen Hofbuchdruckerei von E. S. Mittler & Sohn,
Berlin SW 68, Kochstrasse 68—71

Die Entwicklung der wissenschaftlichen Nautik im Beginn des Zeitalters der Entdeckungen nach neuern Anschauungen.

Von Prof. Dr. Herrmann Wagner in Göttingen.

Inhalt. Einleitung. 1. Das Erwachen des Interesses der Portugiesen an ihrer großen Vergangenheit. — 2. J. Bensaudes Schrift „L'astronomie nautique au Portugal" 1912. — 3. Seine „Histoire de la science nautique portugaise" (1917). — I. Das Zeitalter Heinrichs des Seefahrers. 4. Jacome de Malhorca. — 5. Carta de marear. — 6. Mangel an Breitenbestimmungen zu Heinrichs Zeiten. — 7. Das 15. Jahrhundert kennt graduierte Plattkarten noch nicht. R. Gnimarães. — II. Beginn der Breitenbestimmungen zur See zu Johann II. Zeiten. — 8. Polhöhebestimmungen. — 9. Breitenbestimmung aus Sonnenhöhen. — 10. E. Ravensteins Hinweis auf die Tafeln Zacutos (1908) leitet den Umschwung der Anschauungen über den Einfluß Regiomontans und Behaims auf die portugiesische Nautik ein. — 11. Die älteren Deklinationstafeln der Sonne und deren Schlüssel und die Vorteile der Ephemeriden Regiomontans. — 12. E. Gelcichs Überschätzung der Wichtigkeit letzterer für die portugiesische Nautik. — III. Abraham Zacuto und sein Almanach perpetuum. 13. Abraham Zacuto. — 14. Der Almanach perpetuum. — 15. Die Venetianer Ausgaben des Zacutoschen Werkes. — IV. Die Tabulae solis und Tabulae declinationis solis aus dem Ende des XV. Jahrhunderts. 16. Die Tabulae declinationis solis und die Schiefe der Ekliptik. — 17. Die Tabulae solis und Tabulae equationis solis. — 18. Die Praezessionskonstante bei Zacuto und Regiomontan. — V. Das Regimento do estrolabio. 19. Die historische Bedeutung des Regimento do estrolabio. — 20. Der Inhalt des Regimento. — 21. Die Bestimmung der Breite aus Sonnenhöhen. — 22. Die Deklinationstafel in der älteren Ausgabe des Regiment. — 23. Dieselbe in der Evora-Ausgabe. — 24. Die späteren Deklinationstafeln. — 25. Das Regimento do norte. — 26. Die älteren Instrumente der nautischen Astronomie. — 27. Die Breitentabellen des Regiments. — 28. Die terrestrische Navigation im Regimento. — 29. Der Erdgrad. — 30. Die Segelanweisung nach der Martoloio-Regel. — VI. Die ersten Längenbestimmungen zur See. 31. Das Fehlen der Längenbestimmungen zur See vor den Zeiten des Kolumbus. — 32. Die Längenbestimmung des Kolumbus nach Mondfinsternissen 1494 und 1504. — 33. Die Legende der Längenbestimmung Amerigo Vespuccis nach Mondabständen (23. Aug. 1499). — Schlußbetrachtung.

Einleitung.

1. Das Erwachen des Interesses der Portugiesen an ihrer großen Vergangenheit. Die Geschichte der Nautik im Beginn der Neuzeit ist ebenso reich an Legenden, wie die des Zeitalters der Entdeckungen überhaupt. Es handelt sich dabei nicht nur um einzelne Personen, über deren Leistungen das Urteil nicht selten einen völligen Umschwung erfahren hat, sondern auch um Nationen und Kulturkreise, deren größerer oder geringerer Einfluß auf die epochemachenden Ereignisse verschieden bewertet ist. An einem Wendepunkt unserer Auffassungen stehen wir zur Zeit in betreff der älteren Geschichte der Nautik. Und wenn es auch noch mancher Aufklärungen bedarf, um die neuen Aufstellungen fester zu begründen, so scheint es dennoch — besonders für uns Deutsche — an der Zeit, die letztern im Zusammenhang einer kritischen Betrachtung zu unterziehen.

Den Anstoß zu dem Wiederaufleben der Studien über die interessante Geschichte der Nautik in älterer Zeit hat das fast plötzliche Erwachen des Interesses an ihrer großen Vergangenheit bei den Portugiesen selbst gegeben. Es fällt in die letzten Jahre vor dem Weltkrieg und der weitere Verfolg der erforderlichen Studien hat auch während desselben nicht geruht. Ja, sie haben dem feindlichen Ausland eine Handhabe geboten, sich an der deutschen Wissenschaft zu reiben, ihr Voreingenommenheit, selbst Oberflächlichkeit vorzuwerfen oder ihr die Sucht nachzusagen, unsere Verdienste über Gebühr einzuschätzen, wodurch das Bild der Entwicklung für Generationen getrübt sei. Das darf und soll uns nicht abhalten, die etwa von deutscher Seite begangenen Irrtümer oder vorschnellen Urteile einer ebenso objektiven Prüfung zu unterziehen, wie die auf gegnerischer Seite, und rückhaltlos uns den neuen Anschauungen anzuschließen, wenn wir uns von der Beweiskräftigkeit neu erschlossener Quellen und ihrer Deutung zu überzeugen vermögen, auch wenn sie unsern Anteil an den Errungenschaften schmälern sollten. Leider ist in den letzten beiden Jahrzehnten der an sich nicht große Kreis der Forscher, die mit seemännischen oder astronomisch-mathematischen Vorkenntnissen an das

Studium der Geschichte der Nautik herantraten, stark gelichtet. Ich erinnere an ihren erfolgreichen Förderer **Arthur Breusing** († 1892) und den noch weit lebhafter in die Debatten eingreifenden **Eugen Gelcich** († 1915), den gewiegten Kenner **Matteo Fiorini** († 1901), den greisen **Timoteo Bertelli** († 1905) und den auf dem Felde der Ehre gefallenen **August Wolkenhauer** († 1915). Aber es fehlen uns auch gar viele Kenner der Geschichte des Zeitalters der Entdeckungen, die jetzt mitzusprechen hätten, ein A. E. **Nordenskiöld** († 1901), **Sophus Ruge** († 1903), **Henry Harisse** († 1910), **Gustavo Uzielli** († 1911), **Axel Björnbo** († 1911), **Luigi Hugues** († 1913), **Ernst G. Ravenstein** († 1913), um nur die bekanntesten zu nennen. Sir **Clements Markham** († 1916), der uns seit einem halben Jahrhundert als Autorität auf diesem Gebiete galt, hat noch kurz vor seinem Tode sein Urteil in der uns hier beschäftigenden Frage öffentlich abgegeben[1]).

2. J. Bensaudes Schrift, L'astronomie nautique au Portugal (1912). Als Ausgangspunkt für unsere Betrachtungen kann das sehr verdienstliche und allgemein anerkannte Werk des Portugiesen **Joaquim Bensaude** dienen: „L'astronomie nautique au Portugal à l'époque des grandes découvertes" (Berne, 1912). Enthält dies auch keineswegs schon eine erschöpfende Darstellung seines Gegenstandes[2]), vielmehr in wenig übersichtlicher Disposition eine Reihe von Studienergebnissen und programmatischen Aphorismen, so hat es doch eine ausgesprochene Wirkung erzielt durch die beweiskräftige Analyse wirklich neuer Fundstücke der nautischen Literatur aus jenen noch so dunklen Zeiten um die Wende des 15. Jahrhunderts. Hierbei kommen vor allem der *Almanach perpetuum* des spanischen Juden **Abraham Zacuto** (zuerst gedruckt in Leiria 1496) in Betracht sowie der kurze Leitfaden der Nautik „*Regimento do estrolabio*", zwar auch erst im Anfang des 16. Jahrhunderts gedruckt, aber handschriftlich wohl schon früher in der portugiesischen Marine verbreitet. Das erstere Werk war schon 1908 in seiner Bedeutung für die nautisch astronomischen Kenntnisse der Portugiesen am Ende des 15. Jahrhunderts, also zur Zeit ihres kräftigsten Heraustretens auf das Meer, von dem in England lebenden Deutschen **Ernst Ravenstein** erkannt. Dagegen gebührt **J. Bensaude** das Verdienst, den Wert des Regimento, an dem, als man es in der Münchener Hof- und Staatsbibliothek entdeckte, ein **Siegmund Günther** (1900) und **Emil Gelcich** achtlos vorübergegangen waren, für die Entscheidung der Frage einer selbständigen Entwicklung der Nautik der Portugiesen ins richtige Licht gestellt zu haben.

Indem gerade diese beiden Werke den deutschen Forschern seit **Alexander von Humboldt** in seinen „Kritischen Untersuchungen" (1836) die Aufmerksamkeit von neuem auf **Regiomontan's** Wirksamkeit und auf das Verweilen des Nürnberger Patriziers **Martin Behaim** am portugiesischen Hofe gelenkt hatte, vollkommen unbekannt geblieben waren, hatte sich, das ist nicht zu leugnen, bei uns die Anschauung festgesetzt, daß erst das Bekanntwerden jener astronomischen Tafelwerke in Portugal und Spanien und Behaims persönliches Eingreifen vermöge seiner Aufnahme in die Junta dos mathematicos zu Lissabon der portugiesischen Marine den Ansporn, ja in gewissem Sinne die Möglichkeit zur allbekannten Entfaltung ihrer Kräfte geboten habe. Dabei darf gegenüber der einseitigen Polemik Bensaudes gegen die deutsche Literatur nicht übersehen werden, daß ähnliche Anschauungen über diesen Einfluß der Deutschen in Portugal auch bei anderen Nationen Eingang gefunden hatten und haben. Ich erinnere an den Briten **Henry Major** (Prince Henry the Navigator, 1868), vor allem an die Portugiesen **Latino Coelho** (1882) und **Oliveira Martins** (1893), auf die schon Bensaude aufmerksam

---

[1]) „The history of the gradual development of the groundwork of geographical science." The Geographical Journal, Vol. XLVI. Sept. 1915, 173—185.

[2]) Es ist mir nicht recht verständlich, wie der Astronom **Berthold Cohn**, dem wir unbedingt die beste und eingehendste Besprechung des Bensaudeschen Werkes verdanken (Vierteljahrsschrift der astronomischen Gesellschaft, 51. Jahrgang, Leipzig 1916, 1. Heft. S. 43—53) am Schluß aussprechen konnte: „das behandelte Thema sei so erschöpfend dargestellt, daß für das Bensaudesche Buch der Titel einer »Navigationskunde des 15. und 16. Jahrhunderts« vollkommen gerechtfertigt sei". Denn auf zahlreiche Fragen, vor allem die Längenbestimmungen, ferner das gesamte Seekartenwesen usw. usw. geht Bensaude fast gar nicht ein.

machte (a. a. O. p. 9) und denen ich aus jüngster Zeit den Mathematiker Rodolphe Guimarães (1909)[3]) hinzufügen will.

Gegen die Behauptung solcher von auswärts ausgehender Bevormundung der portugiesischen Nautik in den Glanzzeiten ihrer Entwicklung hat man sich nun in neuester Zeit in Portugal erhoben. Die von J. Bensaude seit bald einem Jahrzehnt betriebenen Studien sind nur ein Glied in der Kette dieser Bestrebungen. Eine Reihe seiner Landsleute arbeitet in stillerer Weise mit, vor allem P. Pereira da Silva. Die Akademie zu Lissabon hat die Regierung der Republik zur Bereitstellung reicher Mittel zu bewegen gewußt, um die äußerst selten gewordenen, jetzt in den Vordergrund des Interesses tretenden Werke, die aus zeitgenössischer portugiesischer Hand auf dem Gebiete der wissenschaftlichen Nautik hervorgingen, eines Zacuto, Francisco Faleiro, Pedro Nunes, Valentim Fernandez mit Einschluß des oben genannten Regimento do estrolabio in prächtigen Faksimile-Ausgabe herstellen zu lassen. Schon liegt die Mehrzahl der für unsere Frage unentbehrlichen Druckwerke vor, und die Wissenschaft hat alle Ursache, diese großzügige Inangriffnahme der Studien zu begrüßen. Sie bezweckt, die lange verkannten Verdienste der Portugiesen auf wissenschaftlich nautischem Felde — denn wer hätte je solche auf entdeckungsgeschichtlichem oder weltwirtschaftlichem Gebiete während des Beginns der Neuzeit verkennen können oder wollen? — ins richtige Licht zu rücken.

3. J. Bensaudes Schrift von 1917. J. Bensaude hat nun seinem Erstlingswerke kürzlich eine zweite Schrift unter dem Titel: *„Histoire de la science nautique portugaise"* (Genève, 1917, A. Kundig) folgen lassen. Den Kennern der ersteren bringt sie eine gewisse Enttäuschung. Nicht nur, weil sie sich wiederum als „Resumé" ankündigt, was im Grunde auch von der „Astronomie nautique au Portugal" von 1912 gelten muß. Wir werden von neuem auf zwei in Vorbereitung befindliche Werke, nämlich *„Etudes pour l'histoire de la science nautique portugaise* (als II. Teil der Astronomie nautique au Portugal) und *„Histoire de la science nautique portugaise"* verwiesen. Da letzteres Werk, wie es scheint, erst eine zusammenhängende Geschichte der portugiesischen Nautik bringen soll, so sieht man auf den ersten Blick den Zweck der im Winter 1916-17 erschienenen Schrift nicht ein. Denn nachdem die Grundgedanken über die Selbständigkeit der Entwicklung nicht nur der nautischen Astronomie, sondern der Nautik im weiteren Sinne in Portugal in dem Hauptwerk ausschließlich auf älteren, allerdings zum Teil vergessenen oder verschollenen Druckwerken aufgebaut war, erwartete man nunmehr, wenigstens dem Anfang einer Ausnutzung handschriftlichen Materials zu begegnen, dessen Reichtum in Archiven und Bibliotheken der Iberischen Halbinsel zu preisen, Bensaude nicht müde wird. Statt dessen umfaßt derjenige Abschnitt, welcher dem Titel des Werkes einigermaßen entspricht: *„Reconstruction de la science nautique portugaise"* kaum den vierten Teil desselben und beschränkt sich teils auf knappe Wiederholung früherer Ausführungen, ohne neue Quellen zu erschließen, teils wiederum auf programmatische Aufstellungen dessen, was noch zu geschehen habe.

Die Haupttendenz der neuen Schrift dürfte in erneuter Zurückweisung jeglicher Ansprüche von seiten anderer Nationen bestehen, soweit diese auf irgendwelche Mitwirkung bei der Entfaltung der portugiesischen Nautik ausgehen. Ja, der bislang ruhig abwägende Verfasser geht mehr oder weniger zum Angriff über, und die Art und Weise, wie vor allem die „Prétentions de priorité de l'Allemagne" bekämpft, läßt, je mehr man sich in die Schrift vertieft, erkennen, daß sie unter dem Einfluß der Kriegspsychose konzipiert ist, wozu die Polemik im feindlichen Ausland gegen die bisherigen Auffassungen von deutscher Seite beigetragen haben mag. So kommt es, daß der Verfasser im Bewußtsein, die Beeinflussung des Wissens

---

[3]) R. Guimarães sagt (Les Mathématiques en Portugal. 2e éd. Coimbre 1909): „La Junta dos mathematicos aboutit à la construction de tables de la déclinaison du Soleil, reproduites des éphémérides de Regiomontanus" (a. a. O. p. 12). „João II chargea Martin de Behaim et les Juifs José et Rodrigo d'étudier les moyens d'émanciper la navigation." „Les compatriotes de Behaim lui attribuent l'application de la boussole à l'usage de la navigation et l'introduction en Portugal du »Baculus astronomicus« ou »Baton de Jacob«, ce qui suffirait pour rendre son nom immortel et faire un grand honneur à l'Allemagne, sa patrie."

und Könnens auf nautischem Gebiete im Entdeckungszeitalter von deutscher Seite siegreich aus dem Felde geschlagen zu haben, übersieht, wie stark die Entwicklung von den Leistungen italienischer Lehrmeister und während der Hauptperiode von der Mitwirkung spanisch-jüdischer Gelehrsamkeit bedingt gewesen ist. Doch gehen wir nun zur Sache selbst über.

Die vorliegende Studie erstreckt sich, um dies ausdrücklich hervorzuheben, wesentlich nur auf die erste Hälfte des Zeitalters der Entdeckungen — also besonders das 15. Jahrhundert und die ersten Jahrzehnte des 16. — und sucht das erste Auftreten der neuen Errungenschaften festzustellen. Mein Bestreben war zugleich, möglichst auf die Originalquellen zurückzugehen, wobei freilich in einzelnen Fällen die zeitige Verschließung des Auslandes störend eingriff. Auch sollten an Stelle einfacher Behauptungen, auf die man sich zum Schaden der Sache in der Geschichte der Erdkunde und Nautik nur zu oft beschränkt hat, nach Möglichkeit ausführliche Beweise gegeben werden.

I. Das Zeitalter Heinrich des Seefahrers.

4. Jacome de Malhorca. Das äußere Zeichen kraftvollen Auftretens zur See im Beginn des Aufblühens des portugiesischen Staates hat die Geschichtschreibung schon längst in der Eroberung Ceutas im Jahre 1415 unter König Johann I. und seinen tapferen Söhnen D. Duarte, Pedro und Henrique erblickt. Zielbewußte Sorge für das Seewesen wird schon den Vorgängern Johanns während des ganzen 14. Jahrhunderts nachgerühmt. Der Eintritt des Genuesen Manuel Pezagno in den Dienst Königs Diniz (um 1317), die Erblichkeit der Würde eines Admirals in der Familie Pezagnos, die Vergünstigungen, die man überhaupt den in Lissabon sich niederlassenden Genuesen gewährte, sprechen für den maßgebenden Einfluß italienischen Elements.

Für ein Menschenalter wird Don Henrique oder Prinz Heinrich, der Seefahrer, wie wir ihn zu nennen pflegen, die Seele aller neuen Unternehmungen. Nahe seinem Sommersitz gründete er 1416 an der äußersten Südwestspitze Portugals das, was man die Seefahrtschule von Sagres genannt hat. Über die Wirksamkeit dieser Ursprungsstätte nautischer Kenntnisse bei den Portugiesen, wie man sie gleichfalls bezeichnet hat, schwebt jedoch seit alten Zeiten ein Dunkel; sie ward daher für die Geschichtschreiber des Zeitalters der Entdeckungen und der Nautik ein Spielplatz von Vermutungen. Keine hat sich beweisen, wohl aber haben sich einzelne widerlegen lassen. Auch die beiden Bensaudeschen Schriften geben uns keinerlei Anhaltspunkte, um den Schleier zu lüften oder eine wichtige Tatsache ihrer Geschichte einzugliedern, die nicht schon bekannt gewesen wäre[1]).

Zu letzteren gehört vor allem die Kunde der Berufung des Katalaners Jacome de Malhorca — Mestre Jacome bei den Portugiesen genannt — durch Prinz Heinrich. Sein Name kehrt bei den späteren Historikern immer wieder, aber die kurzen Beiworte, die Duarte Pacheco in seinem Werk *„Esmeraldo de situ orbis"* (verfaßt etwa 1510) und de Barros in der I. Dekade seines Werkes *„da Asia"* (zuerst erschienen 1552) an den beiden einzigen Stellen, in denen sie den Mallorkaner erwähnen, sind bis heute auch die einzigen Quellen über seine Wirksamkeit. Nach de Barros war er *„mui docto na arte de navegar, que facia cartas e instrumentos"*; nach Pacheco galt er als *mestre de cartas de marear*, wobei hinzugesetzt wird „na qual il ha (Malhorca) se feceram as ditas cartas". Wenngleich nun Pacheco an derselben Stelle hinzufügte, daß zu seiner Zeit die Seeleute von den Schülern Jacomes unterwiesen seien, so ist doch immer festzuhalten, daß er (Pacheco) fast drei Generationen nach Jacomes Auftreten schrieb.

J. Bensaude bemüht sich eifrig, die Zeit des Eintreffens des Mestre Jacome in Portugal festzustellen. Er hält die Jahre 1410 oder 1412, also noch vor der Eroberung von Ceuta und der Begründung der Schule von Sagres, für wahrscheinlich.

---

[1]) Sousa Viterbo versuchte schon 1890 nachzuweisen, daß es überhaupt eine nautische Schule in Sagres niemals gegeben habe. Die wissenschaftlichen Studien seien von der Universität Lissabon gemacht worden (Trabalhos nauticos dos Portuguezes nos seculos XVI—XVII. Lisboa 1890—1894). Das Werk war mir leider jetzt nicht zugänglich. Ich entnehme Obiges dem Referat S. Ruge's (Geogr. Jahrb., XX, 1897, 227).

Ich lasse diesen Punkt auf sich beruhen. Wichtiger scheinen mir die vielfachen Erörterungen, welche man in Frankreich und Spanien neuerdings über die Frage angestellt hat, ob man den Mallorkaner mit einer anderweitig bekannten Persönlichkeit seines heimatlichen Gebietes identifizieren könne. Bensaude weist (a. a. O. p. 92 ff.) im Anschluß an Hamy wohl mit Recht den Gedanken zurück, in ihm den Verfasser der berühmten katalanischen Weltkarte von 1375 (Jafuda Cresques) zu sehen, jenes großen Kunstwerkes, das in den Legenden zugleich mit einer Fülle des nautisch-astronomischen Wissens aus jener Zeit ausgestattet ist. Eher möglich sei es, daß Jacome und der Katalane Cresques lo juheu, welchem man die für D. Juan von Aragonien gezeichnete Weltkarte von 1381 zuschreibt, ein und dieselbe Person gewesen seien.

5. Carta de marear. Indessen wird m. E. bei diesen Erörterungen und auch sonst, sobald von dem Mallorkanischen Lehrmeister die Rede ist, zu großer Wert auf die Fähigkeit im Entwurf nautischer Karten, wie sie uns aus dem 13. bis 15. Jahrhundert so zahlreich erhalten sind, gelegt und der wichtige Punkt ganz außer acht gelassen, daß diese feinen Kunstwerke, mit denen sich z. T. die Monarchen beschenkten, für den praktischen Seemann gar nicht in Frage kommen konnten. Weit größere Wichtigkeit hatten die in Worten geschriebenen Segelanweisungen, wie man die Portulani der Italiener heute gern bezeichnet, für die Piloten auf den Schiffen. Mit anderen Worten, der deutliche Hinweis A. Breusings v. J. 1881[5]), daß *carta de marear* bei den Italienern tatsächlich keine gezeichnete Karte (*pintura*), sondern eine geschriebene Anweisung für die Fahrten, einen Portulan, bedeutet habe, ist von den späteren Autoren ignoriert, obwohl er, wie mir scheint, den Nagel auf den Kopf trifft. Wenn also Pacheco den Jacome einen *mestre de cartas de marear* nennt, so sollte letzterer seine portugiesischen Zöglinge in Sagres im Entwerfen solcher Segelanweisungen (cartas de marear) unterweisen, nicht in erster Linie in der Zeichnung von Seekarten im späteren Sinne des Wortes *carta navigationis* (Toscanelli 1474) oder *Carta marina*, *Carta navigatoria* usw. Allerdings stand mit dieser Auffassung Breusings seine Annahme in starkem Widerspruch, daß Prinz Heinrich es gewesen sei, welcher die Plattkarten in die Nautik eingeführt habe, und zwar im Gegensatz zu den bisher im Mittelmeer üblichen Seekarten, die Breusing bekanntlich als „loxodromische Karten" deutete (s. u.).

Doch bevor wir auf diesen für die ältere Geschichte der Kartographie äußerst wichtigen Punkt, den Bensaude übrigens mit keinem Worte berührt, eingehen, muß kurz der äußeren Fortschritte der Küstenentschleierung unter Heinrich dem Seefahrer und der nautischen Mittel, durch welche sie geschah, gedacht werden. Die ersteren waren, wenn man sich in die mannigfachen Vorurteile der Zeit versetzt, nicht gering. Porto Santo und Madeira (1420) sowie einzelne Azoren wurden wiedergefunden und besiedelt. Die Westküste Afrikas ward nach Überwindung des gefürchteten Kap Bojador (17° N) bis zum Kap Verde (15° N) entschleiert. Und es fallen in die Lebzeiten des Prinzen († 1460) noch die Expeditionen des Venetianers Alvize de Cà da Mosto (Cadamosto) aus den Jahren 1455 und 1456, die noch einige Grade über das Kap Verde hinausführten.

6. Mangel an Breitenbestimmungen zu Heinrichs Zeiten. Zunächst gilt es, einen wichtigen Punkt scharf hervorzuheben. Aus der ganzen, eben geschilderten Zeit kennt man bis jetzt die Vornahme astronomischer Ortsbestimmung zur See noch nicht, insbesondere nicht solche von Breitenmessungen. Und Humboldt[6]) war im Irrtum, als er behauptete, „daß man zu Mallorka Instrumente verfertigte, ohne Zweifel zwar noch sehr unvollkommen, die aber zur Bestimmung der Zeit und Polhöhe der Örter an Bord der Schiffe dienten". Denn es steht fest, daß die italienischen Seeleute im Mittelmeer sich zur Orientierung ausschließlich des Kurses und der Distanz bedienten, wobei ihnen der Kompaß als wichtigster Führer, neben dem Polarstern als nächtlichem Richtungsweiser, diente. Wenn es noch eines Beweises bedürfte, so

---

[5]) Kettlers Zeitschr. f. wiss. Geogr., II, 1881, S. 191.
[6]) Krit. Untersuchungen, I, 1836; 239.

spricht sich Pedro Nunes⁷), zwar kein Zeitgenosse der älteren Periode, aber doch ein feiner Kenner der portugiesischen Nautik und ihrer Geschichte, **auf das unzweideutigste** dahin aus: „Propter angustiam maris mediterranei et quia frequentes in eo fiunt navigationes, locorum invicem positiones et intercapedines exactae sunt exploratae atque compertae adeo ut **navigantibus non sit opus Astrolabiis, aut latitudinis cognitione**. Quoniam enim omni die vel aliquam insulam, vel continentes oculis cernunt navigantes, quo in loco sint facile possunt agnoscere". Dasselbe wird von späteren Kennern immer wiederholt, worauf schon Breusing mit manchen Belegen hindeutete (a. a. O. S. 188). Aber Nunes fährt an der gleichen Stelle, was für uns besonders wichtig ist, fort: „Superioribus etiam saeculis Hispanicum mare, Gallicum et Germanicum idcirco **sine instrumentis Astronomicis navigabatur**, quia oras tantum lustrabant" (also weil sie nur den Küsten entlang fuhren). „Deinde vero quoniam recentioribus Lusitanorum navigationibus maximae orbis partes sunt peragratae, quod quidem sine auxilio Mathematicarum artium effici non potuit, co**e**perunt itaque **nautae locorum latitudines observare et in chartis annotare**".

So kommt für unsere Frage alles darauf an, festzustellen, wann zuerst „*Lusitani latitudines observare coeperunt*". Und in diesem Punkte ist festzustellen, daß die Portugiesen diese Kunst nicht von Jacome lernen konnten, weil er in derselben nicht bewandert war. Zwar ist es nicht unwahrscheinlich, daß bereits zu seiner Zeit die Stellung des Polarsternes in seinem 24stündigen Drehkreis um den Pol zur Zeitbestimmung während der Nacht benutzt ward oder sein kann, denn auf der Nebentafel der katalanischen Karte von 1375 findet sich eine Anweisung zu solcher Beobachtung mittels der beiden Wächter (β und γ *Ursae minoris*). Aber eines besonderen Instrumentes bedurfte es dazu wohl noch nicht, und es wird auch ein solches, das diesem Zwecke diente, nicht genannt. Von Höhenmessungen des Pols mittels des Polarsterns ist erst die Rede, als man in niederen Breiten den letzteren mehr und mehr nach dem Horizont sich senken sah. Selbst aus der Erzählung Cadamostos, der sich, wie man bis jetzt noch annimmt⁸), zuerst mit dem Aufsuchen eines etwaigen Südpolarsterns beschäftigt hat, geht deutlich hervor, daß er diesen wie den arktischen Polarstern nur als Richtungsweiser, noch nicht zu Polhöhebestimmungen benutzt hat. (Näheres in § 26.) Nach unserer jetzigen Kenntnis war es erst der Portugiese Diego Gomez, der im Jahre 1462, also nach dem Tode Heinrichs, von einer Höhenmessung spricht, auf die wir zurückkommen.

7. Das 15. Jahrhundert kennt graduierte Plattkarten noch nicht. R. Guimarães. Ist es unter diesen Umständen denkbar, daß das Bedürfnis nach graduierten, d. h. mit einer Breitenskala versehenen „Plattkarten" schon im Zeitalter Heinrichs des Seefahrers bei den Portugiesen hervorgetreten sein sollte, wie Breusing (1881) annahm? Mit nichten. Oder daß er und seine Schule in Sagres eine ganz neue Gattung von Seekarten, eben die walzenförmige Plattkarte, im Gegensatz zu den bisherigen nautischen Karten der Italiener eingeführt habe? Auch da heißt es: mit nichten. Dieser Irrtum des sonst so scharfsinnig kombinierenden Breusing beruht bekanntlich darauf, daß er die mittelalterlichen Seekarten der Italiener, von Peschel Kompaßkarten genannt, als sogenannte mißweisende loxodromische Karten deutete⁹), denen eine **konische Projektion** mit polwärts konvergierenden Meridianen unterzulegen sei. Ich glaube, daß inzwischen meine und meiner Schüler eingehende Untersuchungen[10] aus den Jahren 1894—97, die zu wesentlich anderen Ergebnissen führten, so mannigfache Zustimmung — jedenfalls noch keine Widerlegung — gefunden haben, daß ich mich kurz fassen kann. Sie gipfeln, um hier den Punkt voranzustellen, der uns im Augenblick allein interessiert, darin, daß sich die älteren italienischen Seekarten des 13. bis 15. Jahrhunderts

---

⁷) De regulis et instrumentis, cap. I. (Opera P. Nonii Salaciensis. Basileae 1566, p. 19, unten.)
⁸) Humboldts Kosmos, Orig. Ausgabe. Stuttg. 1850, III, 360.
⁹) Zeitschr. f. wiss. Geogr. II. 1881, S. 187, 192.
[10] Vgl. H. Wagner, Das Rätsel der Kompaßkarten im Lichte der Gesamtentwicklung der Seekarten. Verhandl. d. IX. Deutschen Geographentages zu Bremen 1895, S. 64—87.

(*carte nautiche medioaevoli*) in nichts von den späteren Seekarten des Entdeckungs-Zeitalters (nach 1500) unterscheiden, als daß den ersteren noch die Beigabe einer Breitenskala fehlt (was aber auch noch von manchen Karten des 16. Jahrhunderts gilt). Daher sind alle diese gleichmäßig mit Windrosen und Rumblinien bedeckten Karten als rechteckige Zylinderprojektionen aufzufassen. Von einer neuen Gattung von Seekarten, die durch die Portugiesen eingeführt sein soll, kann also absolut nicht die Rede sein.

Kaum würde es erforderlich sein, auf diese vor zwanzig Jahren lebhaft erörterten Fragen nochmals zurückzukommen, wenn nicht die gleichen unbewiesenen und in sich unwahrscheinlichen Hypothesen immer wieder auftauchten. So sieht der portugiesische Ingenieuroffizier und Mathematiker Rodolphe Guimarães[11]) noch im Jahre 1909 in Heinrich dem Seefahrer im Grunde den „Erfinder der Plattkarten". Er nennt den Jacome de Malhorca einen der renommiertesten mallorkanischen „Kartographen" und versteigt sich zu der durch nichts bewiesenen Behauptung: „que les principes, d'après lesquelles Jacome établissait les cartes géographiques, conservaient la convergence des méridiens vers le pole (!), ce qui est conforme à la réalité." Guimarães ist der Ansicht, daß diese Eigenschaft es zuwege gebracht habe, daß die Rumblinien (die Loxodromen) auf den Seekarten krummlinig erschienen, wodurch sie für die Schiffahrt ungeeignet gewesen seien. „Frappé de cet inconvenient l'infant imagina une méthode de correction consistant à dresser des cartes où il supposait les degrés des parallèles égaux à ceux de l'équateur". Doch hören wir weiter: „Bien que la vraie grandeur et la situation relative des terres fussent modifiées, les lignes de rumb devenaient alors des lignes droites (sic!) et de cette façon elles étaient plus aptes au but désiré. Il est certain que ces *cartes, dites planes*, sont dans certains cas soumises à de graves inconvenients, mais ne font pas par ce fait moins honneur à leur inventeur et renferment le genre de l'invention des cartes reduites de Mercator et de Ed. Wright." (!)

Nach einem längeren Auszug aus dem Tratado em defensam da carta de marear des Pedro Nunes heißt es endlich: „Les portugais faisaient de cartes planes lors des premières découvertes maritimes et cette invention, alors nouvelle, était toute portugaise". Dabei schränkt Guimarães den Anteil des Prinzen Heinrich an der Erfindung nunmehr etwas ein „Il n'en ressort pas que l'invention en question soit due à Don Henrique; en tout cas en tenant compte de l'état des connaissances géographiques au XVe siècle et de la manière, dont les inventions dérivent les unes des autres, il est bien probable que l'infant y a eu sa part".

Daß hier ein totales Mißverständnis hinsichtlich des Wesens der Plattkarte vorliegt, ist klar. Danach soll diese bereits die Eigenschaft gehabt haben, die Pedro Nunes ein Jahrhundert nach Prinz Heinrich an ihnen gerade vermißt und die erst Mercator zur Erfindung seiner winkeltreuen Zylinderprojektion oder der Karten mit wachsenden Breiten geführt hatte, nämlich die Eigenschaft, die Loxodromen in gerade Linien zu verwandeln. Es ist ja geradezu bei Nunes der Ausgangspunkt seiner Polemik gegen die Plattkarte, daß bei letzterer die alle Meridiane unter gleichem Winkel schneidenden, sogenannten Rumblinien als krumme Linien erscheinen und daher diese Plattkarten für den Seefahrer irreführend sind, wenn er die Rumblinien auf ihnen wie von Anfang an geradlinig auszieht. Dieser Punkt bedarf also kaum weiterer Widerlegung. Aber ich frage Herrn Guimarães, ob er irgendeine mit polwärts konvergierenden Meridianen versehene Seekarte aus der Zeit vor den portugiesischen Entdeckungen nachweisen kann. Das dürfte ihm schwer fallen. Denn es liegt ja im Prinzip nautischer Orientierung auf den mittelalterlichen Seekarten der Italiener, überall in den senkrecht sich durchschneidenden Richtungslinien der Windrosen die Nord—Süd- und Ost—West-Richtung zu sehen, auch wenn diese Linien keinen benannten Breitenparallelen oder Meridianen entsprechen. Ich wiederhole, daß man diese sogenannten Kompaßkarten ebensogut Plattkarten benennen könnte, wie die später als solche bezeichneten, weil die Projektionsfläche bei beiden der Mantel eines normalen, sei es den Äquator berührenden oder die

---

[11]) Rod. Guimarães, Les mathématiques en Portugal. 2e éd., Coimbre 1909, p. 9—10.

Erdkugel in einem beliebigen Parallelkreis senkrecht, d. h. parallel zur Erdachse durchschneidenden Zylinders ist.

Daß die Einführung der graduierten, d. h. zunächst nur mit einer Breitenskala versehenen Plattkarte allein den Portugiesen zu verdanken sei, läßt sich übrigens auch kaum aufrecht erhalten. Wie ich schon 1894 aussprach, so ist mir bis heute überhaupt keine solche graduierte Karte aus der Zeit vor 1500 bekannt geworden. Und das ist begreiflich, da es solche kaum gegeben haben dürfte. In keinem Falle haben wir uns den Vorgang bei ihrem Entwurf so zu denken, wie ihn Breusing (a. a. O. S. 184) annahm, daß man sie nämlich zuerst nach theoretischen Prinzipien entworfen habe, um dann die neu gefundenen Breitenlagen darin einzutragen. Vielmehr entstand das Bedürfnis nach solchen Karten erst, nachdem die praktischen Nautiker die Notwendigkeit von Polhöhen- oder Breitenbestimmungen aus Sonnenhöhen erkannt hatten, was im wesentlichen mit Überschreitung des Äquators längs der Westküste Afrikas zusammenfiel. Auch mußte sich die Sache erst einbürgern. Als dies zu Ende des 15. Jahrhunderts geschehen, waren neben Portugiesen auch die Spanier schon auf dem Plan.

II. Beginn der Breitenbestimmungen zur See zu Johann II. Zeiten.

8. Polhöhebestimmungen. Die ältere Form der Bestimmung der geographischen Breite unter den südländischen Nautikern geht jedenfalls von der Beobachtung des Polarsterns aus. Diese Methode scheint um ein bis zwei Jahrzehnte früher als diejenige aus Sonnenhöhen geübt worden zu sein. Als älteste Notiz, wo die Polhöhe bewußtvoll in Betracht gezogen ward, galt, so viel uns bekannt, bis jetzt — auch Bensaude kann keine ältere nachweisen — die Erzählung des Diogo Gomez de Cintra gelegentlich seiner Reise an der Küste von Guinea im Jahre 1462. Sie hat bisher meist nur wegen Erwähnung des Quadranten die Aufmerksamkeit der Geschichtschreiber der Nautik erregt. Aber sie spricht deutlich von der Beobachtung der Höhe des Pols[12]).

„Et ego habebam quadrantem, quando ivi ad partes istas; et scripsi in tabula quadrantis altitudinem poli arctici (sic), et ipsum meliorem inveni quam cartam. Certum est, quod in carta videtur via marinandi, sed semel errata nunquam redeunt ad primum propositum."

Zwar wird uns von Diogo Gomes an dieser Stelle noch kein Beobachtungsergebnis mitgeteilt, aus dem wir den Grad der Genauigkeit oder auch die Art der Berechnung der Polhöhe aus der Beobachtung entnehmen könnten. Aber die Erkenntnis des Wertes einer solchen astronomischen Orts- bzw. Breitenbestimmung, gegenüber der einfachen Fahrt nach Kurs und Distanz, geht klar aus seinen Worten hervor: „Wenn sich", sagt er, „in die Karte einmal ein Fehler (sc. auf Grund bloßer Kurs- und Distanzmessungen) eingeschlichen hat, so kommt man nicht an das Ziel, das man sich gesteckt hat"[13]).

Ob nun bereits 1462 den portugiesischen Seefahrern so klare Anweisungen zur Verfügung standen, wie sie das Regimento do estrolabio aus den Anfang des 16. Jahrhunderts bietet, ist eine noch unentschiedene, jedenfalls auch von den neuern portugiesischen Forschern nicht geklärte Frage. Sie dürfte zu verneinen sein. Daß der Polarstern je nach seiner Stellung im Drehkreis von 24 Stunden, also je nach seinem Stundenwinkel, bald unter bald über dem Pol stehe, wußte man, wie bei Erwähnung der katalanischen Karte von 1375 (s. S. 110) angedeutet ist. Wollte man aber aus den Beobachtungen die Polhöhe des Beobachtungsortes ableiten, so bedurfte man des numerischen Wertes einer vom Stundenwinkel des Polarsterns abhängigen, also theoretisch zu berechnenden Korrektion. Diese wird uns in § 25

---

[12]) Schmeller, „Über Val. Fernandez Alemã und seine Sammlung von Nachrichten über die Entdeckung der Portugiesen bis zum Jahre 1508". (Abhandl. d. 1. Cl. d. k. Akademie d. Wiss. zu München, IV. Bd., III. Abth. 1845, Nr. II, S. 33.)

[13]) Dieser Zusatz spricht, nebenbei bemerkt, unbedingt dafür, daß man in der Handschrift, wie Schmeller bereits getan, *cartam* und nicht etwa *costam*, wie Gabriel Pereira 1898 setzen zu müssen glaubte (Boll. Soc. Geogr. de Lisboa 1898—1899, p. 286), zu lesen hat. Das letztere hätte gar keinen Sinn.

beschäftigen. Auch daraus, daß Diogo d'Azambuja 1481 das Astrolabium angewandt haben sollte, erhalten wir keinen Aufschluß. (Näheres in § 26.)

Mittlerweile hatte man an der Westküste Afrikas den Äquator überschritten. Es geschah dies im Jahre 1471 durch die Fahrt Sequeiras, der bis zum Kap St. Catharina (1° 51′ S-Br.) gelangte. Wenngleich nun Cadamosto schon 1455 sich am südlichen Himmel nach Sternen umsah, welche der Orientierung für die Schiffahrt zum Ersatz des arktischen Polarsterns hätten dienen können, so wird doch der Beobachtung des Südpols mittels des südlichen Kreuzes kaum vor der Wende des 15. Jahrhunderts gedacht. Sie gehört also bereits der gereifteren Beobachtungskunst dieser letzten Zeit an.

9. **Breitenbestimmung aus Sonnenhöhen.** Dagegen spielt mit dem allmählichen Versagen der Orientierung nach dem arktischen Pol die Ableitung der Breite aus der Beobachtung der Mittagshöhe der Sonne, also des Komplements der Polhöhe, eine immer größere Rolle. Es scheint, daß sich das erste Stadium der Entwicklung indirekt unter dem Einfluß von Johann II. vollzog. Dieser, schon 1474 mit der Verwaltung der Kolonien betraut, geht mit seiner Thronbesteigung im Jahre 1481 noch planmäßiger vor. Die Bildung der *Junta dos mathematicos* ist das äußere Zeichen. Man pflegt ihre Begründung in das Jahr 1484 zu verlegen und als Mitglieder werden von de Barros genannt: Mestre Rodrigo, Mestre Josepe Judeo, beides Johanns Ärzte, und Martin de Bohemia, „der sich rühmte, ein Schüler Monteregios, des berühmten Astronomen unter den Bekennern dieser Wissenschaft zu sein". Das ist die vielgenannte Stelle, welche besonders seit Humboldts Zeiten zum Ausgangspunkt für die Vermutungen diente, nach der die Vermittlung Martin Behaims eine sehr wesentliche Rolle in der Entwicklung der portugiesischen Nautik gespielt haben sollte. Die unzweifelhafte Bedeutung, die Behaim Jahre hindurch in der mit den Entdeckungsplänen beschäftigten Kreisen Portugals gehabt hat, berühren wir hier, um nicht abzuschweifen, nicht. Sie ist auch nicht durch seinen neuesten Biographen, Ernst Ravenstein, aus der Welt geschafft und ebensowenig durch die neuesten Zweifler, einen J. Bensaude, Sir Markham u. A. Aber in der Abweisung der Form, in welcher Behaim nach der langjährigen deutschen Tradition einen maßgebenden Einfluß auf die wissenschaftliche Nautik jener Tage, insbesondere die nautische Astronomie, geübt haben sollte, dürften die Genannten das Richtige getroffen haben. In diesem Punkt waren bereits die Darlegungen Ernst Ravensteins vom Jahre 1908, denen seine Nachfolger allerdings noch manches neue Beweismaterial hinzuzufügen vermochten, für mich überzeugend. Kurz gesagt, läßt sich bei näherer Prüfung weder die Einführung eines neuen Beobachtungsinstrumentes, des Jakobstabes, in die portugiesische Marine durch Behaim aufrechterhalten — das ist längst von deutscher Seite anerkannt —, noch konnten die Ephemeriden des Regiomontan von so grundlegender Bedeutung für die Nautik der Portugiesen sein, wie es namentlich Eugen Gelcich 1892 hingestellt hatte. Denn jene besaßen bereits heimische Werke, aus denen sie in zweckentsprechender Weise die tägliche Sonnendeklination — diesen Kernpunkt der Fortschritte der Nautik für die damalige Zeit — berechnen konnten, Werke, die allerdings bis in die neueste Zeit deutschen wie anderweitigen Forschern völlig unbekannt geblieben waren.

10. **Erster Hinweis auf Zacutos Almanach perpetuum durch E. Ravenstein (1908).** Wie oben schon angedeutet, hat Ernst Ravenstein, dem zwar das Regimento do estrolabio noch nicht bekannt war — denn auch der Hinweis Luciano Cordeiros vom Jahre 1883 auf das von ihm in Evora aufgefundene Exemplar des Regiments war ihm entgangen —, uns zuerst (1908) auf die Bedeutung der Tafeln Abraham Zacutos für die im Mittelpunkt des Interesses stehenden Breitenbestimmungen aufmerksam gemacht; er hatte sich damit in starken Gegensatz zu der bisherigen Auffassung, insbesondere zu Gelcich, gestellt[14]). 'Es muß dabei ausdrücklich betont werden, daß der Umschwung der Ansichten, auf den die Portugiesen so großen Wert legen, von deutscher Seite ausgegangen ist. Denn die Worte J. Ben-

---

[14]) Martin Behaim, his life and his globe by E. G. Ravenstein, London 1908, in 4°. p. 19.

saudes: „Un auteur anglais, M. Ravenstein, publia en 1899 la première de ses deux études sur Behaim où il soumit les différentes questions soulévées par les écrits précedents à une critique severe" (L'astronomie nautique p. 14), sind irreführend. Der biedere deutsche Kartograph Ernst Ravenstein, ein geborener Frankfurter, hat, obwohl seit 1852 in England lebend, als eines der regsten Mitglieder des deutschen Athenaeums zu London wie der dortigen deutschen Gemeinde überhaupt, niemals sein Deutschtum verleugnet, wenn auch die Mehrzahl seiner in England gedruckten und veröffentlichten Schriften naturgemäß in englischer Sprache verfaßt ist. Als Schüler von Heinrich Berghaus kam er gleichzeitig mit August Petermann früh nach London, fand dort einen ausgedehnten Wirkungskreis und hat sich im Kreise der R. Geographical Society eine sehr geachtete Stellung erworben. Genug, nach den unqualifizierbaren Angriffen, welche man 1915 im Schoße dieser Gesellschaft und im engen Anschluß an die Bensaudesche Schrift gegen die deutsche Wissenschaft erhoben hat[15]), wird der Hinweis auf die deutsche Nationalität Ravensteins an dieser Stelle nicht überflüssig sein.

Die Hauptfrage, um die es sich hier handelt, konnte nun doch nicht in so kurzen Sätzen erledigt werden, wie sie ihr Ravenstein im Rahmen seiner Behaimbiographie widmete. Die Sache erweckte bereits beim Erscheinen der letzteren mein Interesse und führte mich zu eingehenden Studien über das Verhältnis des Almanach perpetuum des Zacuto zu den Tafelwerken Regiomontans. Doch war ich damals an ihrem Abschluß durch andere Arbeiten verhindert. Wenngleich nun manche der von mir gefundenen Ergebnisse durch die Schriften Bensaudes überholt sind und zur Zeit das Interesse sich mehr dem „Regimento do estrolabio" als jenem Verhältnis zugewendet haben wird, so glaube ich doch zur Klärung des letzteren die wichtigsten Abschnitte aus meinen Untersuchungen von 1910 hier einflechten zu sollen. Denn zwischen den extremen Anschauungen Gelcichs, der in der Einführung der Regiomontanischen Ephemeriden in Portugal geradezu die „Lösung der Behaimfrage" erblickte, und denen Bensaudes, der ihrem Bekanntwerden in Lissabon jegliche Bedeutung für die Fortschritte der nautischen Astronomie jener Zeit abspricht, scheint mir doch eine mittlere Auffassung ihre Berechtigung zu behalten.

11. Die älteren Deklinationstafeln der Sonne und deren Schlüssel. Vorteile der Ephemeriden Regiomontans. Darüber kann im Zweifel nicht bestehen, welche Art von Tafeln die Seeleute jener Zeit mit ihren primitiven Kenntnissen der Astronomie und einfachen Beobachtungsinstrumenten brauchten, um an beliebigen Tagen auf See oder — was sie meist noch vorzogen — dort, wo sie bei ihren Küstenfahrten landeten, eine Breitenbestimmung aus der Mittagshöhe der Sonne zu machen. Es handelte sich um Tafeln der Deklination der Sonne für jeden Tag (Mittag) des Jahres, wie sie heute auch zahlreiche Kalender enthalten.

Solche aber existierten im Beginn des Zeitalters der Entdeckungen noch nicht und sind auch weder von Regiomontan, noch dem sogleich näher zu besprechenden Zacuto berechnet. Was uns an Deklinationstafeln aus der Zeit der Araber und der ihrer jüdischen Übertrager in die hebräische oder lateinische Sprache, aus den Alfonsinischen oder den Tafelwerken Regiomontans und Zacutos erhalten ist, gibt ausschließlich die jeweilige Deklination der Sonne für ihren Stand in den einzelnen 30 Graden der 12 Zeichen des Tierkreises an. Diese kleinen *Tabulae declinationis solis* unterscheiden sich mit ihren 90 Einzelwerten in ihrer äußeren Form also kaum von der bekannten Tafel im Almagest des Ptolemaeus, nur daß dieser statt der dreimal 30 Grade der Sonnenbahnquartale als Argument die 90 Grade der auf- und absteigenden Äste der Ekliptik verwendete. In Zacutos Almanach perpetuum hat sie die folgende Form[16]):

---

[15]) Siehe The Geographical Journal, Vol. XLVI, 1915 p. 187.
[16]) Faksimile-Ausgabe des Werkes S. 41.

Tafel 1.

Tabula declinationis planetarum et solis ab equinoctiali.								
grad	0	6	1	7	2	8	grad
1	0	24	11	53	20	27	29
2	0	48	12	14	20	39	28
3	1	12	12	34	20	51	27
4	1	36	12	55	21	3	26
5	2	0	13	15	21	14	25
6	2	24	13	35	21	25	24
7	2	48	13	55	21	35	23
8	3	11	14	15	21	45	22
9	3	35	14	34	21	54	21
10	3	59	14	53	22	3	20
11	4	22	15	12	22	12	19
12	4	46	15	31	22	20	18
13	5	9	15	49	22	28	17
14	5	33	16	7	22	35	16
15	5	56	16	25	22	42	15
16	6	19	16	42	22	49	14
17	6	43	17	0	22	55	13
18	7	6	17	17	23	0	12
19	7	29	17	33	23	5	11
20	7	51	17	49	23	10	10
21	8	14	18	6	23	14	9
22	8	37	18	21	23	18	8
23	8	59	18	37	23	22	7
24	9	21	18	52	23	25	6
25	9	43	19	7	23	27	5
26	10	5	19	21	23	29	4
27	10	27	19	35	23	31	3
28	10	49	19	48	23	32	2
29	11	10	20	2	23	33	1
30	11	32	20	15	23	33	0
	5	11	4	10	3	9	

Die Zahlen 0 bis 11 bezeichnen die sonst vielfach ausgeschriebenen Namen der Zeichen des Tierkreises:
0 = Aries, 1 = Taurus, 2 = Gemini, 3 = Cancer, 4 = Leo, 5 = Virgo,
6 = Libra, 7 = Scorpius, 8 = Sagittarius, 9 = Caper, 10 = Aquarius, 11 = Pisces.

Zur Verwertung dieser Tabelle bedurfte es also noch eines **Schlüssels**, um zunächst die Länge der Sonne vom Widderpunkt aus für den einzelnen Tag (Mittag) des 365¼ Tage umfassenden Jahres zu finden. Alsdann konnte man durch eine verhältnismäßig leichte Rechnung die Sonnendeklination bestimmen, die der gefundenen Länge am fraglichen Tage entsprach (§ 23). Diesen Schlüssel bilden die *Tabulae solis*, die von den arabischen Astronomen und ihren abendländischen (spanisch-provençalischen) Nachfolgern und allen romanischen Astronomen und Nautikern des Zeitalters der Entdeckungen bis weit ins 16. Jahrhundert fast ausschließlich in der Form eines vierjährigen Zyklus für drei gewöhnliche und ein Schaltjahr (annus bisextilis) berechnet worden sind.

Um nun die für einen bestimmten Tag geltende Sonnendeklination zu finden, geht man in der Tabula solis von der jenem Tage entsprechenden Länge aus und läßt die zugehörige Deklination proportionaliter um so viel wachsen, als die Länge den vollen Grad übersteigt. Für den 5. April 1474 gibt Zacutos Almanach z. B. eine Sonnenlänge von 24° 33′ 7′ *Arietis* an. Aus der ersten Kolumne der Deklinationstafel, welche mit 0 bis 6 (Aries-Libra) überschrieben ist, ergibt sich für 24° eine Deklination von 9° 21′, für 25° eine solche von 9° 43′, also eine Differenz von 22′. Dann folgt für die Deklination am 5. April 1474

$$9° 21' + \frac{9° 43' - 9° 21'}{60} \cdot 33{,}117 = 9° 33{,}1'.$$

Es ist klar, daß eine für ein bestimmtes Quadriennium von Jahreszahlen berechnete *Tabula solis* infolge der durch die Praecession des Frühlingspunktes bewirkten Verschiebung der Sonnenlängen sehr bald ihre Gültigkeit verliert, und erst durch Anbringung einer Korrektion für frühere oder spätere vierjährige Zyklen wieder brauchbar wird. Dieses dritte Erfordernis, in den lateinischen Ephemeriden meist als *Tabula aequationis solis* bezeichnet, ist als Korrektionstafel für alle Tabulae solis, aus denen man die Sonnenlängen eines beliebigen Tages in einem beliebigen Kalenderjahr entnehmen will, unentbehrlich. Sie findet sich in Zacutos Almanach perpetuum auf der gleichen Seite mit der oben wiedergegebenen Tabula declinationis und lautet wie folgt:

Tafel 2.
Tabula equationis solis.

revo	g	m	s	revo	g	m	s	revo	g	m	s
1	0	1	46	13	0	22	57	25	0	44	8
2	0	3	32	14	0	24	43	26	0	45	54
3	0	5	18	15	0	26	59[17]	27	0	46[18])	40
4	0	7	4	16	0	28	15	28	0	49	25
5	0	8	50	17	0	30	0	29	0	51	11
6	0	10	36	18	0	31	46	30	0	52	57
7	0	12	22	19	0	33	32	31	0	54	43
8	0	14	8	20	0	35	18	32	0	56	29
9	0	15	54	21	0	37	4	33	0	58	15
10	0	17	40	22	0	38	50	34	1	0	0
11	0	19	25	23	0	40	36				
12	0	21	11	24	0	42	22				

Wir werden später (§ 18) sehen, daß dieser Tafel der auf 26,5″ abgerundete Wert einer schon in der Alfonsinischen Tafel gebrauchten Praecessionskonstante zugrunde liegt. Nun ergeben allerdings 34 Zyklen zu je (4 × 26,5″ =) 1′ 46″ im ganzen 3604″ oder vier Sekunden mehr als einen vollen Grad. Diese werden in der Tafel dadurch unterdrückt, daß dem 11., 17., 28. und 34. Zyklus nur eine Verschiebung der Sonnenlänge um 1′ 45″ zugewiesen wird. Ob die Auswahl der mit etwas verkürzter Praecession bedachten vier Zyklen willkürlich erfolgt ist oder einer bestimmten Periode entspricht, entzieht sich meiner Beurteilung.

Von dieser zwar nicht schwierigen, aber immerhin lästigen Korrektur befreiten die Tafeln, welche die Sonnenlängen sogleich für eine ganze Reihe hintereinanderfolgender Jahre berechnet hatten. Dies zuerst ausgeführt zu haben, und zwar für die Jahre 1475 bis 1506, ist das unbestreitbare Verdienst Regiomontans, in dessen Ephemerides die *Tabulae solis* daher nicht weniger als 2 × 31 = 62 Seiten umfassen, während sie in allen Tafeln des vierjährigen Zyklus deren meist nur acht bedurften, wenn jeder Seite sechs Monate zugewiesen waren. Wer innerhalb der Jahre 1475 bis 1506, also gerade in der Periode des Erwachens der wissenschaftlichen Nautik bei den Portugiesen, die Deklination der Sonne im Mittag eines beliebigen Tages bestimmen wollte, bedurfte bei Benutzung der Regiomontanschen Ephemeriden nur zweier Tafeln, der *Tabula solis* und der *Tabula declinationis solis*: er war der Korrektionsrechnung mittels der *Tabula aequationis solis* überhoben. Die nautische Praxis greift gern zu jeglicher Vereinfachung einer astronomischen

---

[17] 59 ist Druckfehler statt 29.
[18] 46 ist Berechnungsfehler statt 47.

Rechnung. Grundsätzlich brachten die Ephemeriden des Regiomontan eine solche, und von diesem Standpunkt ist der Gedanke nicht abzuweisen, daß ihre Einführung in die Kreise der portugiesischen Nautiker, von wem sie immer herrühren möge, von letzteren als eine willkommene Gabe, als ein Fortschritt hätte angesehen werden können.

12. E. Gelcichs Überschätzung der Wichtigkeit der Ephemeriden Regiomontans für die portugiesische Nautik. Während nun die deutschen Forscher, welche früher dem Martin Behaim das Verdienst zuerkannten, eben diese Ephemeriden in Portugal zuerst bekannt gemacht zu haben, dabei nur allgemeine Vermutungen ausgesprochen hatten, sah Eugen Gelcich 1892 seine Aufgabe darin, eingehend die damit für die Nautik verbundenen Vorteile nachzuweisen. Im Hochgefühl, auf diese Weise, wie er selbst sagt, die Behaimfrage gelöst zu haben, nahm er den Mund sehr voll und schoß als literarischer Durchgänger ersten Ranges auch in unserer Frage weit über das Ziel hinaus. Der gesamte Aufsatz von 1892, der hier in Betracht kommt, „Die Instrumente und wissenschaftlichen Hilfsmittel der Nautik zur Zeit der großen Länderentdeckung"[19]) enthält eine ungewöhnliche Fülle gewagter Behauptungen und schiefer Auffassungen. Leider sind diese von uns niemals klar aufgedeckt, wodurch man vielleicht ihre üblen Folgen hätte abwehren können, welche sich allgemeiner erst bemerkbar machten, seit die portugiesische Kritik eingesetzt hat. Ich gestehe, mich von der Schuld, nicht rechtzeitig gegen den bewußten Aufsatz aufgetreten zu sein, nicht ganz freisprechen zu können. Als aber der verstorbene Generalsekretär der Hamburger Geographischen Gesellschaft, Dr. Ludwig Friederichsen, der die Hamburger Festschrift von 1892 wesentlich ins Leben gerufen hat, mir einige Jahre nach ihrem Erscheinen mit Bitterkeit klagte, daß es ihm trotz aller Bemühung nicht gelungen sei, eine fachmännische Besprechung des Werkes hervorzurufen, konnte ich ihm nur erwidern, daß ich dies an sich sehr gern übernommen hätte, wenn ich nicht auf Schritt und Tritt gegen so viele sachlichen Verstöße und unrichtige Schlußfolgerungen, besonders Gelcichs, hätte Stellung nehmen müssen, daß ihm mit solcher Rezension wahrscheinlich wenig gedient gewesen sei.

Wer das Bensaudesche Buch zur Hand nimmt, kann sich leicht überzeugen, daß die Gelcichschen Ausführungen am meisten dazu beigetragen haben, wenn ich so sagen darf, seinen nationalen Stolz zu verletzen. Leider ist dies die Veranlassung geworden, nun seinerseits ebenso ins Extrem zu verfallen, und den Tafelwerken Regiomontans nicht nur für die portugiesische Nautik jener Zeit jede Bedeutung abzusprechen, sondern überhaupt ihn als reinen Astrologen gegenüber den zeitgenössischen aufgeklärten Forschern seiner Heimat herabzusetzen. Das geschieht besonders in seiner „Histoire de la science nautique portugaise" von 1917 (86 ff.). Es ist hier nicht der Ort, diese ungerechtfertigten Angriffe zurückzuweisen.

Der Hauptgrund in der Überschätzung der Regiomontanschen Tafelwerke für die sich im Süden Europas entwickelnde Nautik, die man Gelcich vorzuwerfen hat, liegt nun unzweifelhaft in seiner völligen Unkenntnis der den Portugiesen tatsächlich in dem Drittel des 15. Jahrhunderts zur Verfügung stehenden theoretischen Hilfsmittel. Ihm sind nur die Alfonsinischen Tafeln bekannt in der Fassung der lateinischen Übersetzungen jener Zeit, und er bemüht sich, uns in die allerdings ungemein umständliche Art der Ausnutzung dieser Tafeln, um für einen bestimmten Tag des Jahres die Länge der Sonne zu berechnen, einzuführen. Die Schwierigkeiten beruhen bekanntlich auf der durchgeführten Sexagesimaleinteilung des Tages in Sechzigstel 1. bis 5. Ordnung, die — was zugegeben werden muß — einem Piloten jener Zeit die Berechnung der Korrektion für die Tageslänge der Sonne verleidet haben müßte. Daher der Ausruf Gelcichs: „Die portugiesischen Schiffsführer müssen Behaim ja ordentlich leidgetan haben, die sich so viel plagen mußten, um zuerst die Länge der Sonne und dann aus derselben die Deklination zu berechnen. Er wird ihnen zugerufen haben: Zu was den ganzen Kram, zu was so viel Kopfzerbrechen, wenn euch der Königsberger Astronom die Länge der Sonne ohne weiteres liefert" usw. (a. a. O. S. 77).

---

[19]) Hamburgische Festschrift zur Erinnerung an die Entdeckung Amerikas. Hamb. 1892. Bd. I. 2. Abhandlung.

Es leuchtet ein, daß alle diese Ausführungen hinfällig sind, seitdem man im Almanach perpetuum des Zacuto die kleine *Tabula aequationis solis* fand, die durch eine ungleich einfachere und jedem verständliche Addition die Werte der Tafeln des vierjährigen Zyklus auf den Tag des Beobachtungsjahres bringen ließ. Da uns das von Zacuto vorgerechnete Beispiel der Längenbestimmung noch beschäftigen wird (§ 17), führe ich es an dieser Stelle nicht an.

Freilich muß auch noch eines anderen Umstandes gedacht werden, in dem Gelcich Verwirrung angerichtet hat, wie es ihm bereits Ravenstein (a. a. O. S. 79) und Bensaude deutlich nachwiesen. Regiomontans *„Ephemerides astronomicae ab anno 1475 ad annum 1506"* enthalten tatsächlich keine Deklinationstafel der Sonne, ebensowenig die späteren Ausgaben desselben Werkes, oder wie Gelcich behauptete (a. a. O. S. 74), sein „Kalender". Sie findet sich vielmehr allein in seinem Werke *„Tabula directionum perfectionumque"*, dessen erste Ausgabe 1475 in Nürnberg erschienen ist. Jedenfalls gibt es auch Ausgaben 1485 (Hain 13800) und Venetiis 1490 ed. Ratdolt (Hain 13801). Gelcich hat seine Auszüge der viel späteren Ausgabe, Tübingen 1559, entnommen, welche er jedoch fälschlich als „Ephemeriden" bezeichnete, so daß fast anzunehmen ist, er habe sie einer Quelle zweiter Hand entlehnt. Auf die Form dieser Deklinationstafel kommen wir später zurück, an dieser Stelle muß aber hervorgehoben werden, daß die *Tabula directionum* wiederum keine *Tabulae solis* enthält, so daß eine Entnahme der Deklination der Sonne an einem beliebigen Tage der Jahre 1475 bis 1506 nur durch gleichzeitige Einsicht in zwei, im Preise hochstehende Tafelwerke Regiomontans möglich war, die *Ephemerides* und die *Tabula directionum*, ein Umstand, der allerdings gegen eine allgemeine Benutzung derselben von Piloten des 15. Jahrhunderts spricht. Gerade in diesem Punkte setzte 1908 E. Ravenstein mit dem Hinweis auf Zacuto ein, dessen Almanach perpetuum den Nautikern damaliger Zeit alles Gewünschte in gedrängter Form geboten habe.

Die Entwicklung der wissenschaftlichen Nautik im Beginn des Zeitalters der Entdeckungen nach neuern Anschauungen.

Von Prof. Dr. Herrmann Wagner in Göttingen.

(Fortsetzung.)

III. Abraham Zacuto und sein Almanach perpetuum.

13. Abraham Zacuto. Hier scheint es erforderlich, einen bibliographischen Exkurs über den solange unbeachtet gebliebenen jüdischen Astronomen und sein Hauptwerk einzuschieben, da auch von J. Bensaude, der sich sehr eingehend mit ihm beschäftigt, noch nicht alle Punkte klargestellt sind.

Was diesen angesehenen Astronomen betrifft, so ist es allerdings seltsam, daß er und sein Werk fast allen deutschen Historikern des Zeitalters der Entdeckung oder der mittelalterlichen Astronomie unbekannt geblieben ist. Weder der vielbelesene Humboldt erwähnt ihn je, noch Peschel oder Ruge, auch nicht S. Günther in seinen zahlreichen Schriften zur Geschichte der mathematischen Geographie oder der Erdkunde überhaupt. Ebensowenig kannte ihn der Nautiker E. Gelcich. Sein Name findet sich allerdings in einigen der bedeutenderen Werke zur Geschichte der Astronomie; so führt z. B. J. Fr. Weidler (Hist. astronomiae Vitembergae 1741, Cap. XIII. 21, S. 270) einiges aus dem Almanach perpetuum an. Er figuriert aber nicht in Poggendorffs Biographisch-literarischem Handwörterbuch (weder im Hauptwerk, Band II, 1863, noch in den neuen Bänden III, 1898 und IV, 1904). In Houzeaus schätzenswertem „Vade-Mecum de l'astronomie" (Bruxelles 1882, S. 97) wird nur auf Abrah. Ben Samuel Zacuth, Tractatus de stellarum motu et ordine verwiesen, der Almanach aber nicht erwähnt[20]). Rud. Wolf spricht von ihm kurz, aber erst in seinem letzten Werk, dem Handbuch der Astronomie (II, 1892, S. 149), erzählend, daß auf dem Geschwader Magellans ein auf „Abraham F. R. Schemuel Zakut, Tabulae motuum coelestium, Venetiis 1496 in 4°" gegründeter Kalender benutzt sein solle; gesehen hat Wolf jedenfalls das Werk nicht.

Nachdem wir heute über die Bedeutung Zacutos gerade für die uns beschäftigende Entwicklungsperiode der portugiesischen Nautik ausreichend unterrichtet sind, können wir auch den Ursachen der Unbekanntschaft mit ihm von seiten der neueren Geschichtsforscher des Zeitalters der Entdeckungen mehr auf den Grund gehen. Hierbei spielt sicher der Umstand eine Rolle, daß sein Name auch von der Mehrzahl der zeitgenössischen Historiker ignoriert worden ist. Bensaude (Histoire, S. 35) macht es plausibel, daß dieses mit seinem Judentum im Zusammenhang stehen dürfte. Noch am Ende des 15. Jahrhunderts griff die Inquisition und religiöse Intoleranz auch in Portugal Platz, wo Zacuto für ein halbes Jahrzehnt vor der Judenverfolgung in Spanien ein Asyl gefunden hatte. Nur der in Indien, weit ab von der Heimat, schreibende Correa würdigt Zacuto eingehend[21]).

Über die wichtigsten Daten des Lebenslaufes von Zacuto sind wir durch Historiker des Judentums unterrichtet. Wir verweisen auf Steinschneiders Artikel in der Bibliotheca mathematica[22]) und auf M(eyer) Kayserlings Schrift: „Columbus und der Anteil der Juden an den spanischen und portugiesischen Ent-

---

[20]) Daß Houzeau diesen Tractatus mit dem Almanach perpetuum im Zusammenhang bringe, wie B. Cohn 1917 behauptet (vgl. u. S. 105), ist irrig; weder im Vade-Mecum noch in der Bibliographie génér. de l'astronomie par Houzeau et Lancaster. I part. Bruxelles 1887, p. 485 ist davon die Rede.

[21]) Treffend schrieb A. Schück schon 1896: „Correa, der in bezug auf Israeliten viel weniger Rücksicht zu nehmen brauchte als Barros u. A., schreibt Zacut manches zu, was Barros von der Junta sagt, zu der M. Behaim gehörte". („Der Jacobstab" im Jahresber. d. Geogr. Gesellsch. in München 1894/95. München 1896, 129.)

[22]) Besonders Jahrg. 1897, 105; 1901, 198.

deckungen"[23]). Um 1450 in Salamanca geboren, ward Zacuto an der dortigen Universität Professor der Mathematik. Als die Judenvertreibung in Spanien begonnen hatte, fand er 1492 in Portugal bei Johann II. Aufnahme; dieser ernannte ihn sogar zum Hofastronomen. Aber als 1497, wie oben angedeutet, auch in Portugal unter Johanns Nachfolger die Priesterschaft die Oberhand gewann, flüchtete Zacuto nach Afrika (Tunis) und soll 1510 in der Türkei gestorben sein[24]).

14. Der Almanach perpetuum. Das uns hier zunächst interessierende Hauptwerk Zacutos, der Almanach perpetuum, ist jedenfalls zum erstenmal in Leiria in Südportugal 1496 gedruckt worden. Ursprünglich in hebräischer Sprache geschrieben, ward es, wie das Schlußwort besagt, von seinem Schüler, Josepe Vicinho, dem Mitglied der Junta dos mathematicos, ins Lateinische übersetzt. Ob es sich dabei um mehr als die Übersetzung der erläuternden Canones (20 Druckseiten) und die Köpfe der zahlreichen Tabellen handelt, steht noch nicht ganz fest. Gegenüber den kurzen Bemerkungen E. Ravensteins (1908) und den weiter ausgreifenden Bensaudes, besitzen wir aus jüngster Zeit eine ausgezeichnete Analyse des ganzen Almanachs von fachmännischer Seite in dem Artikel, den der Astronom Berthold Cohn in der „Vierteljahrschrift der Astronomischen Gesellschaft[25]) veröffentlicht hat. Er überhebt mich des Eingehens auf manche Einzelheiten und greift naturgemäß weit über die für uns hier allein in Betracht kommenden Sonnentafeln hinaus. Wichtig ist der Nachweis Cohns, daß das in hebräischer Sprache verfaßte Originalwerk Zacutos sich in drei Handschriften erhalten hat.

Sieht man sich in der neueren Literatur um, so findet sich Zacuto und seinen Almanach übrigens mehr erwähnt, als man anfänglich glaubt. Daß sich vom originalen Druck des Almanach perpetuum (Leiria 1496) überhaupt ein Exemplar erhalten habe, ward uns wohl zuerst 1883 durch Luciano Cordeiro[26]) kund, welcher es in der Bibliotheca national de Lisboa aufgefunden hatte, ohne indessen eine nähere Beschreibung seines Inhalts zu geben. *Im Jahre 1888 wies Simon de la Rosa y Lopez nach, daß ein solches sich auch im Besitz des Kolumbus befunden habe und noch heute einen Bestandteil der von Fernando Colombo hinterlassenen Bibliothek bilde, die in Sevilla aufbewahrt wird[27]). Von diesem Exemplar scheint Meyer Kayserling persönlich Einsicht genommen zu haben, da er es 1894 näher in seiner oben erwähnten Schrift (a. a. O. S. 42) beschreibt. Diese Kayserlingschen Mitteilungen über Zacuto wurden bereits von A. Schück (der Jacobstab 1896) verwertet, freilich ohne daß auch er den Almanach zu Gesicht bekommen hätte.

E. G. Ravenstein stellte dann ein weiteres Exemplar in der Bibliothèque de Ste. Geneviève zu Paris fest und hat oben dies für seine Zwecke benutzt. Eine Autopsie dieser Ausgabe — von den erstgenannten wußte ich damals noch nichts — schien mir für meine weiteren Untersuchungen um so unerläßlicher, als ich in der Venediger Ausgabe des Almanach von 1502, von der sogleich die Rede sein wird, die von Ravenstein erwähnte Deklinationstafel der Sonne überhaupt nicht zu entdecken vermochte. Der Liberalität der Administration der Bibliothèque de Ste. Geneviève verdankte ich dann (1910) die Einsicht in das seltene Werk für längere Zeit hier in Göttingen, so daß ich mir umfangreichere Auszüge aus demselben machen konnte. Was also im folgenden mitgeteilt wird, entstammt nicht zweiten Quellen, sondern dem Originaldruck selbst. Der volle Titel des in

---

[23]) Berlin 1890, 41.
[24]) Nach Gaspar Correa (Lendas da India, Lisboa 1858 Livro I Tomo 1) wäre diese Flucht Zacutos erst 1502 erfolgt. Dieser setzt auch sein Todesjahr in 1515, aber wie Sousa Viterbo 1898 nachgewiesen hat, datiert das Dekret König Manuels über die Austreibung der Juden schon vom 5. Dezember 1496 (s. Bensaude, Histoire 71).
[25]) 51. Jahrg., 2. Heft, Leipzig 1917, 102—123. Einen weiteren Beitrag zur Kenntnis Zacutos hat B. Cohn in der Schrift „Der Almanach perpetuum des Abrah. Zacuto" gegeben (Schriften d. Wiss. Ges. in Straßburg. 32. Heft, Straßburg 1918). Dort werden einzelne Abschnitte aus dem umfangreichen hebräischen Text mitgeteilt, die jedoch die uns hier interessierenden Fragen kaum berühren. Benutzt wurde das Münchener Exemplar der Handschrift.
[26]) Boletim da Sociedade de geographia de Lisboa. 4. Ser. No. 1, 1883 p. 172.
[27]) Bibliotheca Colombina, Catálogo de sos libros impresos. Tomo I. Sevilla 1888, 3.

der Bibliothek von Ste. Geneviève aufbewahrten Exemplars des Druckes von 1496 lautet nach Auflösung der Abkürzungen wie folgt:

Tabule tabularum coelestium motuum astronomi / zacuti nec non stellarum fixarum longitudines ac / latitudines ad motus diversitatem mira diligentia / reducte ac in principio canones ordinatissime / incipiunt felice sidere.

Von einem anderen Exemplar dieses ersten Druckes, Leiria 1496, welches J. Bensaude in Augsburg fand, war mir 1910 gleichfalls noch nichts bekannt. Sie ward von ihm in der schönen Faksimile-Ausgabe (München, J. B. Obernetter, 1915) herausgegeben. Diese ist es, welche auch B. Cohn seiner eingehenden Analyse 1917 zugrunde legte. Aus den wörtlichen Auszügen, welche ich mir 1910 von dem Pariser Exemplar gemacht habe, muß ich jedoch schließen, daß dieses mit der Augsburger Kopie nicht identisch ist, wenngleich z. B. der Schlußsatz in beiden ganz gleich lautet, auch in der Form der Abkürzungen:

Expliciunt tabule tabularum astronomice Raby abraham zacuti / astronomi serenisimi Regis emanuel Rex portugalie et cet / cum canonibus traductis a lingua ebrayca in latinum per magistrum / Joseph vizinum discipulum ejus actoris opera et arte viri soler / tis magistri ortas curaque sua non mediocri inprensione complete existunt felicibus astris anno a prima rerum etherearum circuitione / 1496 sole existente in 15 gr 53 m 35 s piscium sub celo leyree.

Einige Differenzen im Titel und den Canones, von denen uns eine wegen ihrer Beziehung zu Regiomontans Ephemeriden sogleich besonders beschäftigen wird, lassen mich vermuten, daß wir es wohl nur mit zwei etwas verschiedenen Fassungen des einleitenden Textes zu dem Tabellenwerk zu tun haben, wie dies bei Inkunabeln mit gleichem Druckort und derselben Jahreszahl, die beide am Schluß der Tafeln angegeben zu werden pflegten, nicht selten zu beobachten ist. Ich erinnere hier nur an den abgekürzten Titel des Augsburger Exemplars[28]):

Almanach perpetuum celestium motuum astronomi zacuti. Cuius Radix est
1 . 4 . 7 . 3

Die Widmung (Epistola actoris) auf der Rückseite des Titels ist in dem Exemplar von Ste. Geneviève *ad presbiterem salamantice,* in dem Augsburger dagegen *ad episcupum salamantice* gerichtet, wodurch sich meines Erachtens das letztere als das spätere im Druck erweist. Das gleiche dürfte aus der Berichtigung eines Fehlers im Canon secundus hervorgehen, der unten analysiert werden soll: Länge der Sonne am 15. März 1495: 3 gr. 52 min. (Ste. Geneviève) statt 3 gr. 56 min. 25 sec. (Augsburg S. 5). Was weiter das Tabellenwerk im engeren Sinne betrifft, so scheinen beide Ausgaben zwar ganz identische Einzeltafeln — ich zähle 57 — in der gleichen Ausdehnung zu enthalten, aber zum Teil in verschiedener Reihenfolge. So folgt z. B. Tabula conjunctionum et oppositionum (1478—1508) nebst den sechs sich anschließenden bis zur „Tabula diversitatis aspectus" in der Ste. Geneviève-Ausgabe gleich hinter Nr. 11. Tabula introitus lune cujus radix est 1473", in dem Augsburger Exemplar erst als 47. Tafel, nach den umfangreichen Tafeln für die fünf großen Planeten (Nr. 23 bis 46). Die Identität des Ziffernmaterials der Einzeltafeln halte ich für gegeben, so daß sie demselben Drucksatz entsprechen, wenngleich meine Auszüge nicht ausreichen, um diese Annahme nachträglich durchprüfen zu können.

Da Herr J. Bensaude die Differenzen, von denen hier die Rede ist, in seinem Hauptwerk von 1912 nicht berührt, so wird er auch von den verschiedenen Leiria-Ausgaben, 1496, noch keine Kenntnis gehabt haben. In seiner zweiten Schrift von 1917 kündigt er jedoch eine Faksimile-Ausgabe der „Canones en espagnol Leiria 1496" nebst einer Notiz über die verschiedenen Ausgaben des Almanach als demnächst erscheinend an (vgl. die Übersicht hinter dem Titel). Es ist daher anzunehmen, daß er mittlerweile einen Vergleich der hier festgestellten und voneinander etwas abweichenden Leiria-Ausgaben angestellt hat und darüber berichten wird.

---

[28]) Denselben abgekürzten Titel führt Cordeiro für das Lissabonner Exemplar an, so daß dieses wohl mit dem jetzt in Faksimiledruck vorliegenden übereinstimmt.

Bevor ich zu den in Venedig erschienenen Ausgaben des Zacutoschen Tafelwerkes übergehe, muß noch auf die Beziehungen der Originalausgabe der Ephemeriden des Regiomontan hingewiesen werden, die dem Gegner jeglichen Einflusses derselben auf die Entwicklung der nautischen Astronomie in Portugal, J. Bensaude, entgangen zu sein scheinen. Es wird unten an einem Zahlenbeispiel der unwiderlegliche Beweis erbracht werden (s. S. 161), daß Vicinho, der Übersetzer des Zacuto ins Lateinische, das Ephemeriden-Werk Regiomontans gekannt bzw. benutzt hat. Berthold Cohn macht in seiner obengenannten Besprechung der Bensaudeschen Schrift von 1912 jedoch daneben auf die vielfachen Anklänge der Widmung an den Bischof von Salamanca im Almanach perpetuum an den Wortlaut der Vorrede in Regiomontans Tabulae directionum aufmerksam. Doch wagt er nicht zu entscheiden, wer hier der Kopist. Eine nähere Prüfung läßt jedoch keinen Zweifel darüber, daß Vicinho sich der Wendungen Regiomontans bedient, und das Verhältnis nicht umgekehrt ist. Es handelt sich nicht um den gesamten Text der Widmung, aber um ganze Zeilen, namentlich im Anfang und Ende, von wörtlicher Übereinstimmung. Es genüge, den Anfang zu zitieren, der in beiden Werken völlig gleich lautet (nur in der Orthographie etwas abweichend):

„Magnum esse admodum et fvisse semper in edendis libris difficultatem mihi videri solet, dum revoluo maiorum nostrorum exemplaria ac praesertim eorum exordia conspicio: vbi plerique tenuitatem ingeniorum suorum insinulant, non suffecturam videlicet coepto operi, etc."

Es ist klar, daß diese Form nicht zweimal gleichlautend ersonnen werden kann. Nun finden sich die Worte bereits in der Originalausgabe der Tabulae directionum, die zu Augsburg 1490, also sechs Jahre vor der Leiriaausgabe des Almanach perpetuum erschien. Dort lautet jedoch der Schlußsatz gekürzt wie folgt: „Opus tabularum directionum profectionumque pro rev. dño Joanne archiepõ Strigoniẽ, etc. per mag. Joan. de Regiomonte comp. Anno dñi 1467 explicit feliciter. Mag. Joannis angeli viri peritiss. diligẽti correctione. Erh. Radolt mira imprimendi arte: qua nuper Venetiis nonnume Aug. Vind. excellit nominatissimus 4. nonas Jan. 1490. Die Widmung ist an den Erzbischof Johann von Gran[29] gerichtet, der kein anderer als der berühmte Bibliophile und Humanist Johann Vitez[30] ist, auf dessen Bücherliebhaberei Regiomontan auch anspielt. Er war mit Matthias Corvinus, dem König von Ungarn, einer der Hauptgönner Regiomontans wie auch des Peuerbach und starb 7. Aug. 1472. Wenn also Regiomontan seine Widmung schon vor 1467 schrieb, so ist selbstverständlich seine Fassung die originale und Vicinho ist der Kopist, zumal der Almanach perpetuum von Zacuto erst 1473—78 verfaßt, aber weit später von Vicinho ins Lateinische übersetzt ist.

15. Die Venetianer Ausgaben des Zacutoschen Werkes. Die Einsicht in die Originalausgabe von 1496 schien mir 1910 auch deshalb notwendig, um den Einwand Ravensteins (a. a. O. 19, Anm. 2), daß die „Ephemerides sive Almanach perpetuum", welche Joh. Lucilius Santritter aus Heilbronn in Venedig herausgegeben habe, (gedruckt von Peter Liechtenstein aus Köln 1498), die bisher als solche des Regiomontan gegolten hätten[31]), in Wahrheit nichts anderes als die des Zacuto seien. Es war mir damals noch nicht bekannt, daß Alfred Wegener schon 1906 in seiner Studie über die Alfonsinischen Tafeln den gleichen Einwand erhoben und begründet hatte[32]).

In der Tat ergibt ein näherer Vergleich, daß in den Santritterschen Ephemerides mit ganz geringen Ausnahmen alle Tafeln aus dem Almanach perpetuum des Zacuto stammen, nur erscheinen sie in verschiedener Aufeinanderfolge und mit abgeändertem Titel. Vor allem sind aufgenommen die Längen des vierjährigen Sonnenzyklus für 1473 bis 1476, der 31jährige Mondzyklus, die „Ephemerides perpetuae circuitus planetarum" (bei Zacuto: Tabulae veri motus Saturni etc.), jedoch in umgekehrter Reihenfolge, von den inneren zu den äußeren Planeten fortschreitend, ferner die „Tabula introitus solis in principia signorum zodiaci in mensibus", die „Tabula Domorum duodecim celi". Nur ist begreiflicherweise die für Mitteleuropa unverständliche „Tabula longitudinis et latitudinis civitatum" des Zacuto durch die bekannte „Tabula regionum et civitatum" ersetzt, die sich in den meisten Ausgaben der Ephemeriden und der Kalender Regiomontans findet. Der Name Zacuto wird aber von Santritter gänzlich verschwiegen, dagegen „Johannes de regiomonte" öfters erwähnt. Es ist das Werk also entweder ein vollkommenes Plagiat von seiten Santritters — so faßt es auch Bensaude auf —,

---

[29]) Gran, lat. Strigonium, daher Archiep. Strigoniensis, Bischof von Gran, nicht „Bischof Strigo", wie B. Cohn in seiner Besprechung des Alm. perp. S. 106 sagt.

[30]) Diese Aufklärungen verdanke ich Herrn Dr. O. Hartig, Kustos a. d. k. bayr. Hof- u. Staatsbibliothek in München. Über Vitez z. vergleichen: W. Fraknoi in d. Beilage zu Nr. 29 d. Pesther Lloyd 1878; W. Weinberger, Beitr. z. Handschriftenkunde. Sitz. Ber. k. Ak. d. Wiss. Wien, phil. hist. Kl., 159. Bd., 6. Abh., 1908.

[31]) Siehe auch Rud. Wolf, Gesch. d. Astronomie, 1882 S. 97. Handbuch d. Astronomie, I. 1890, S. 629.

[32]) Bibliotheca mathematica, III. Folge, Bd. VI, Leipzig 1905, 172—173.

wenn man nicht der milderen Auffassung A. Wegeners zustimmen will, daß ihm nur die Tafeln Zacutos ohne Titel und Canones in Handschrift vorgelegen hätten.

Vom Almanach perpetuum Zacutos soll nach Hain (16268) eine Ausgabe Venetiis 1496 existieren, „cum additionibus Alphonsi Hispaliensis de Corduba", welche also in dasselbe Druckjahr der in Leiria hergestellten fallen würde. Berthold Cohn (a. a. O. S. 104) führt auch deren Titel an, welcher mit dem des in Ste. Geneviève aufbewahrten Exemplars der Leiria-Ausgabe vollständig übereinstimmt, scheint aber die Ausgabe nicht selbst gesehen zu haben. Ravenstein nennt — auf Grund welcher Quellen wird nicht gesagt — weitere in Venedig gedruckte Ausgaben 1498, 1499, 1500 und 1502. Die Häufung innerhalb so weniger Jahre ist, zumal bei der Seltenheit der erhaltenen Kopien, unwahrscheinlich. Sicher ist aber eine solche von 1502 verbürgt und stand mir, weil der Königl. Universitätsbibliothek zu Göttingen gehörig (Astron. I 2959), zur Verfügung. Sie ist, wie so viele damalige Tabellenwerke, von dem oben genannten rührigen Buchdrucker Peter Liechtenstein aus Köln gedruckt und mit einem Privilegium des Staates Venedig für zehn Jahre versehen. Der Titel lautet: „*Almanach perpetuum exactissime nuper emendatum omnium celi motuum cum additionibus in eo factis tenens completum cum Gratia et Privilegio*[33]). Das Wort „nuper" zeigt an, daß früher das Werk schon dort herausgegeben ist; vermutlich bezieht sich dies auf die genannte Ausgabe Venetiis 1496.

Im Beginn begegnen wir sogleich dem „Alfonsus hispaliensis de Corduba artium et medicinae doctor", mit einer Widmung an den Bischof Alfonsus von Evora, worin der erstere einen Fehler Zacutos richtigstellt. Dies wird Berthold Cohn veranlaßt haben, den spanischen Astronomen Alfonsus de Corduba auch als Herausgeber dieser Venediger Ausgaben anzusehen (a. a. O. S. 120), was wohl ein Irrtum ist. Zwar zeigt die Bemerkung in der Widmung des Alfonsus: „rogatus a Joannis Lucilio Germano" erneut die frühen Beziehungen, welche in damaliger Zeit zwischen spanischen und deutschen Astronomen bestanden. Aber als Herausgeber des Almanach von 1502 ist sicher Johannes Michael Germanus Budorensis (d. h. aus Büderich am Niederrhein) anzusehen, der sich in seiner auf der dritten Seite anschließenden Widmung an den oben genannten Alfonsus de Corduba zugleich als Schüler des Johannes Lucilius bekennt. Die 23 „Canones sive problemata" legen teilweise diejenigen Zacutos zugrunde, geben sie aber in anderer Anordnung und erweiterter Fassung. Im übrigen stimmen die weitaus meisten astronomischen Tafeln mit denen der Ausgabe Leiria 1496 völlig überein. Aber die Tabulae declinationum sind die ausführlichen Regiomontans aus der Tabula directionum; sie entsprechen nicht der abgekürzten Tabula declinationis solis im Almanach perpetuum.

IV. Die Tabulae solis und Tabulae declinationis solis aus dem Ende des XV. Jahrhunderts.

16. Die Tabulae declinationis solis und die Schiefe der Ekliptik. Kehren wir nach dieser Abschweifung zu den Interessen der Nautiker zurück. Ravenstein verfolgte sie in seiner Behaimbiographie nur insoweit, als er behauptete, daß die Tafeln des Zacuto ihnen alles geboten hätten, um die Deklination der Sonne an einem beliebigen Tage zu finden. Dabei verweilt er aber nur bei der Ausnutzung der *Tabula solis* und *Tabula declinationis ab equinoctiali*. Wir kommen darauf zurück. Im Augenblick beschäftigen wir uns nur mit letzterer. Ein Blick auf dieselbe zeigt, daß Zacuto als Maximal-Deklination oder Schiefe der Ekliptik den Winkel von

$$23°\ 33'$$

zugrunde legt. Dies spricht für die Vermutung Berthold Cohns (a. a. O. S. 108), daß Zacuto wohl manche seiner Tafeln nicht neu berechnet, sondern vorhandenen Quellen entnommen habe. Zacuto weist in der Widmung selbst auf Abenuerga Febreus hin, d. h. auf Jehuda ibn Verga, der (nach Steinschneider) im Jahre 1457 ein astronomisches Lehrbuch schrieb. Mit Sicherheit hat Zacuto die Deklinations-

---

[33]) Das von B. Cohn (a. a. O. 105) benutzte, der Frankfurter Stadtbibliothek gehörige Exemplar des Almanach (1502) ist mit dem oben beschriebenen völlig identisch.

tafel älteren Schriften entlehnt. Wie aus ihrem obigen Abdruck ersichtlich, ist sie — wie übrigens auch die später zu erwähnende Regiomontans — auf ganze Minuten abgerundet und dürfte in dieser Form und mit gleichem Wert der Schiefe schon den jüngeren der arabischen Astronomen angehören. Jedenfalls findet sie sich bereits bei dem im 13. Jahrhundert in Montpellier lehrenden Robert Anglès (Robertus Anglicus, wohl auch Joannes de Monte pessulano genannt), mit dessen Schrift „*Tractatus quadrantis*" uns Paul Tannery[34]) in einer äußerst sorgfältigen Studie bekannt machte. Leider druckt Tannery weder die Deklinationstafel noch die 4 Tabulae solis mit ab, aber er analysiert sie. Die erstere führt bei Anglès den Titel: „*Tabula declinationis Solis que est distancia ejus ab equinoctiali secundum Albategni*. Wie bereits Tannery ausführt (a. a. O. S. 30), ist 23° 33′ tatsächlich um 2′ geringer als nach authentischen Dokumenten Albategnius (Al-Batani) die Schiefe angenommen hat, und nähert sich dem Werte Thebits (Thabit ben Kora). nämlich 23° 33′ 30″. Es ist denkbar, daß Anglès sich einem von seinen Vorgängern angenommenen mittleren Wert anschloß; er entspricht der Schiefe der Ekliptik zum Beginn des 12. Jahrhunderts. Bemerkenswert ist, daß Zacuto diesen Wert auch noch am Ende des 15. Jahrhunderts beibehält. Berthold Cohn (a. a. O. S. 108) hält es für ausgeschlossen, daß Zacuto keine Kenntnis von der säkularen Abnahme der Schiefe gehabt habe. Wenn wir aber die gleiche Deklinationstafel mit der Schiefe von 23° 33′ auch noch von den Nautikern im ersten Drittel des 16. Jahrhunderts beibehalten sehen (§ 24) — erst Nunes geht 1537 zu 23° 30′ über —, so darf man daraus wohl schließen, daß man in ihrem Kreise auf die Differenz einiger Minuten noch keinen großen Wert legte.

E. Geleich kannte 1892 nur drei Deklinationstafeln aus dem 15. Jahrhundert, die der Alfonsinischen Tafeln, Regiomontans und des Astronomen Novara. Auch diese Angaben bedürfen der Ergänzung und Berichtigung. Nebenbei sei bemerkt, daß keineswegs alle Astronomen jenes Zeitalters, die eine Neubestimmung für die Schiefe der Ekliptik versuchten, auch neue Deklinationstafeln berechnet haben. Eine solche findet sich übrigens nicht in den lateinischen Ausgaben der Alfonsinischen Tafeln, sondern nur im Text der spanischen Originalausgabe der *Libros del Saber de astronomia del Rey D. Alfonso X. de Castilia*. welche die Akademie zu Madrid durch Rico y Sinobas 1866 in fünf großen Foliobänden herausgab. Von mehrfacher Seite, wie von Geleich (1892) und später von A. Wegener, ist der Nachweis geführt worden, daß die von Rico im Anhang des IV. Bandes veröffentlichten Tafeln nicht die originalen Alfonsinischen sein können, da sie zum Text, den man für den originalen hält, nicht passen (A. Wegener). Es muß aber bemerkt werden, daß die Deklinationstafel, welche die Werte bis auf Sekunden mitteilt und von der Schiefe von

$$23° 32′ 30″$$

ausgeht, nicht zu den beanstandeten Tafeln im Anhang gehört, sondern inmitten des Textes (Band IV, S. 6) steht.

Regiomontan hat sich mehrfach über neue Bestimmungen der Schiefe ausgesprochen. Er erzählt in dem Briefwechsel mit Joh. Bianchini, den v. Murr veröffentlichte[35]), daß er sich (1463) an die „übliche" Maximalgröße der Deklination gehalten habe, die auf Thebit zurückzuführen sei. Anfang 1464 schreibt Regiomontan, daß er selbst mit seinem Lehrer Peuerbach für die Schiefe den Wert

$$23° 28′$$

gefunden habe. Dann fährt er fort: „M. Paulum florentinum — damit ist der Kosmograph Paolo Toscanelli gemeint — et D. Baptista de Albertis sepe audivi dicentes se diligenter observasse et non reperisse majorem

$$23 \text{ gr. minutis } 30$$

que res etiam tabulas nostras videlicet tabulam declinationis et ceteras que super eam fundantur innovare persuadet". Damit ist jedenfalls der Ursprung für die An-

---

[34]) Le traité du quadrant de Maître Robert Anglès (Montpellier XIIIe siècle). Texte latin et ancienne traduction grecque, publiés par M. Paul Tannery. Tiré des notices et extraits des manuscrits de la bibliothèque nationale etc. Tome XXXV, 2e partie. Paris 1897.

[35]) Memorabilia biblioth. publ. Norimberg., 1786, I. S. 146.

nahme der Ekliptikschiefe in der Tafel Regiomontans (23° 30'), die er in der *Tabula directionum* veröffentlichte, aufgedeckt.

Wenn in der neueren Literatur auch von Deklinationstafeln des Peuerbach und des Bologneser Gelehrten Domenico Maria Novara († 1514) gesprochen wird und S. Günther[36]) sogar eine solche Novaras zum Abdruck bringt, die E. Gelcich ihm später entlehnt, so liegt hier wieder ein Fall der Flüchtigkeit letztgenannter Autoren vor. Weder Peuerbach noch Novara haben solche Tafeln berechnet. Vielmehr ist dies erst von Johannes Werner geschehen. In seiner 1514 erschienenen Schrift[37]): „*In primum librum Geographiae Claudii Ptolomaei argumenta paraphrases et annotationes*" heißt es Cap. III (Annotatio sexta): „Duplicem ego pro solis reperiendo tabulam anno superiore computaveram quarum altera maximam solis declinationem habet graduum XXIII m. XXVIII. quantam Georgius Peuerbach in Vienna pannoniae suis deprachendit observationibus. Altera quae maximam solis declinationem graduum XXIII minutorum XXIX subiicit, quantam scilicet nostra aetate Anno Dom. MCCCCXCII[38]) quidam domenicus Maria in Bononia civitate Italiae et nonnulli alii in Italia mathematici suis considerationibus inuenerunt, quorum invento multum tribuo." Auf der nächsten Seite folgen dann die beiden von Werner berechneten Tabellen nebeneinander gestellt. Wir geben sie im Auszug:

Tafel 3.
Tabula declinationis solis juxta observationem G. Peurbachii in Vienna factam.
Signa Septentrionalia.

Pro sign. merid. G	Pro sign. sept. G	Virgo Aries			Leo Taurus			Cancer Gemini		
		G	M	S	G	M	S	G	M	S
1	29	0	23	54	11	50	5	20	22	57
2	28	0	47	47	12	10	55	20	35	7
.	.	.	.	.	.	.	.	.	.	.
29	1	11	7	52	19	57	30	23	27	47
30	0	11	29	3	20	10	24	23	28	0
		Libra Pisces			Scorpius Aquarius			Sagittarius Capricorn.		

Signa meridionalia.

Tafel 4.
Tabula declinationis solis juxta observationes quasdam in Italia factas.
Signa Septentrionalia.

Pro sign. merid. G	Pro sign. sept. G	Virgo Aries			Leo Taurus			Cancer Gemini		
		G	M	S	G	M	S	G	M	S
1	29	0	23	55	11	50	34	20	23	49
2	28	0	47	48	12	11	15	20	35	59
.	.	.	.	.	.	.	.	.	.	.
29	1	11	18	19	19	58	20	23	28	41
30	0	11	29	31	20	11	15	23	29	0
		Libra Pisces			Scorpius Aquarius			Sagittarius Capricorn.		

Signa meridionalia.

Damit dürften die Deklinationstafeln aus dem Zeitalter der Entdeckungen ziemlich erschöpft sein. Francisco Faleiro hielt sich noch 1535 mit dem Werte 23° 33' an Zacutos Tafel, Pedro Nunes mit 23° 30' an die Regiomontansche.

Noch muß der etwas abweichenden Form gedacht werden, in der die Deklinationstafel bei Regiomontan erscheint. Sie ist dort mit einer solchen für die Gestirne von nicht größerem Breitenabstand als 8° vom Äquator verquickt. Auch Gelcich (a. a. O. S. 74) druckt sie teilweise mit ab.

---

[36]) Studien z. Gesch. d. math. u. phys. Geogr., 5. Heft, Joh. Werner, Halle 1878, 284.

[37]) Die Ausgabe von 1514 ist selten. Sie ist aber aufgenommen in der „Introductio geographica Petri Apiani in doctissimas Verneri Annotationes etc.". Ingolstadii 1533. und zwar großenteils (Sign. b—k) nicht in Neudruck, sondern nach Druck, Wasserzeichen des Papiers, Druckfehlern unmittelbar aus der alten Auflage übernommen.

[38]) Ob sich die Worte „nostra aetate Anno Dom. 1492" allein auf Maria Novaras Bestimmung der Schiefe oder auf die Abfassung der Wernerschen Schrift beziehen, muß ich Sachkundigen zu entscheiden überlassen. Das erstere dürfte das richtigere sein.

Tafel 5.
Tabulae declinationum.
Latitudo septentrionalis.

♋	8		7		6		5		4		3		2		1		0		II.
G.	g̃	m̃	g̃	m̃	g̃	m̃	g̃	m̃	g̃	m̃	g̃	m̃	g̃	m̃	g̃	m̃	g̃	m̃	G.
0	31	30	30	30	30	29	30	28	30	27	30	26	30	25	30	24	30	23	30
1	31	30	30	30	30	29	30	28	30	27	30	26	30	25	30	24	30	23	29
2	31	29	30	29	30	29	29	28	29	27	29	26	29	25	29	24	29	23	28
.	.	.	.	.	.	.	.	.	.	.	.	.	.	.	.	.	.	.	.
.	.	.	.	.	.	.	.	.	.	.	.	.	.	.	.	.	.	.	.
29	28	13	27	15	26	16	25	18	24	19	23	21	22	22	21	24	20	25	1
30	28	0	27	2	26	3	25	5	24	6	23	8	22	9	21	11	20	12	0

Es folgt dann eine Tafel für die entsprechenden Südbreiten und weitere zehn für die übrigen Paare von Zeichen. Der Deklination der Sonne entsprechen selbstverständlich nur die Ziffern der letzten Spalte für die Breite 0. Die Tafeln geben also insgesamt wie alle früheren die erforderlichen 90 Werte der Deklination im Auf- und Abstieg der Ekliptikäste. Sie bieten gegenüber der üblichen Tabula declinationis solis keinerlei Vorteile, aber ebensowenig Nachteile für die Benutzung, so daß sie jedenfalls nicht als Hindernis für Einführung in die Praxis der Piloten angesehen werden konnten, die sich eine isolierte Tabelle in wenigen Minuten aus ihr hätten herausschreiben können.

17. **Die Tabulae solis und Tabulae aequationis solis.** Die für die Jahre 1473 bis 1476 geltenden Tafeln der Sonnenlänge bei Zacuto haben gleichfalls ihre genauen Vorbilder in den vergangenen Jahrhunderten. Verfolgen wir sie nicht weiter als bis in das 13., so kann wieder der *Tractatus quadrantis* des Robert Anglès herangezogen werden. Leider gibt Tannery auch in diesem Falle nur die Titel der vier Tabellen, welche im übrigen mit dem März beginnen und mit dem Februar endigen.

Tabula prima in anno bisextili ad inveniendum locum ejus in orbe declivi fixo scilicet nono.
Tabula solis secunda ad annum primum post bisextum.
Tabula solis tertia ad annum secundum post bisextum.
Tabula solis quarta ad annum tertium post bisextum.

Nach Tannery (a. a. O. S. 30) enthält eines der Manuskripte des Tractatus quadrantis eine für die Jahre 1292, 1293, 1294, 1295 berechnete Längentafel. Das Äquinoktium fiel auf den 13. März.

Es ist schon darauf hingewiesen (s. oben, S. 158), daß die Tafeln, welche Rico y Sinobas im Anhang zu dem Originaltext der Alfonsinischen Tafeln (Bd. IV) zum Abdruck brachte, sehr wahrscheinlich nicht die zugehörigen Originaltafeln sind, wie vor allem A. Wegener nachgewiesen hat. Wenn jedoch Geleich meint (a. a. O. S. 90), daß die vier mit „*Primeira, segunda usw. tabla de Sol*" überschriebenen Tafeln der Sonnenlänge aus späterer Zeit stammen müßten, so hat er übersehen, daß in ihnen das Frühlingsäquinoktium noch auf den 24. März fällt. Dieser Umstand weist die Tafel in weit hinter Alfons zurückliegende Zeiten. Doch dies nur nebenbei.

Im Almanach perpetuum des Zacuto wird als Ausgangspunkt oder radix für die vierjährige Tafel der Sonnenlänge das Jahr 1473 bezeichnet; die letztere gilt also zunächst nur für die Jahre 1473, 1474, 1475, 1476. Ravenstein verweilte in seiner Behaimbiographie, in der er den Nachweis zu führen suchte, daß die Tafeln des Zacuto den portugiesischen Nautikern alles geboten hätten, was für sie erforderlich gewesen sei, um die Deklination am Mittag jedes beliebigen Tages zu finden, nur bei der Ausnutzung der beiden *Tabula solis* und *Tabula declinationis ab equinoctiali*. Als Beispiel wählt er den 10. April 1473, also auch einen Tag innerhalb des bestimmten Zyklus der Jahre 1473 bis 1476. Das war insofern etwas irreführend, als dabei die Korrektionsrechnung zur Auffindung der Sonnenlänge eines Jahres nach 1476 — und die Zeiten der Junta dos mathematicos fallen doch tatsächlich in eine spätere Periode — gar nicht berührt ward. Mit anderen Worten: die *Tabula equationis solis*, die die erforderliche Korrektion vermitteln soll und den Almanach erst zu einem wirklich „perpetuum", wenigstens für eine größere Reihe von Jahren, stempelt, ist von ihm nicht beachtet. Darin liegt aber, um noch einmal auf die Frage der Einführung der Ephemeriden Regiomontans nach Portugal durch Behaim zurückzukommen, eine Verkennung der Vorteile, die diese den dortigen Astronomen oder Piloten im Gegensatz zu Zacutos Tafeln bieten konnten, denn aus ihnen konnte man ohne Zuhilfenahme einer Korrektionsberechnung die Sonnenlänge bereits für jeden Tag der einzelnen Kalenderjahre 1475 bis 1506 entnehmen.

Zacuto setzte nun die Benutzung seiner kleinen (oben S. 116 abgedruckten) *Tabula equationis solis* von nur 34 Werten in dem *Canon secundus de vero loco solis habendo* deutlich auseinander. In dieser wird, wie schon hervorgehoben ist, eine jährliche Präzession von 26,5" angenommen, doch erscheint sie dort nur im vierjährigen Betrag von

$$1'\ 46''.$$

Dabei interessiert uns das von ihm gewählte Beispiel an dieser Stelle insofern, als sich an ihm nicht nur die Verschiedenheit der beiden Leiria-Ausgaben (1496) des Almanach perpetuum, sondern, was uns, wie oben schon hervorgehoben, wichtiger erscheint, auch die Bekanntschaft Zacutos oder vielleicht nur seines Übersetzers Josepe Vicinho mit den Ephemeriden des Regiomontan unmittelbar beweisen läßt. Dieses Beispiel (Faksimile Ausg. p. 5), das auch Bensaude (L'astronomie nautique p. 118) reproduziert, will zeigen, wie man mittels der Tabula equationis solis die Sonnenlänge für den 15. März des Jahres 1495 berechnen könne. Man zieht 1472 von 1495 ab und erhält in der Differenz von 23 Jahren den fünffachen Zyklus nebst drei Jahren. Also ist die Tabula tertia vorzuo zu legen, welche $3°\ 47'\ 35''$ Arietis als Sonnenlänge für den 15. März angibt. Nach der Tabula equationis solis ist das Fünffache von $1'\ 46'' = 8'\ 50''$. Man sollte also für die Sonnenlänge am 15. März 1495

$$3°\ 47'\ 35'' + 0°\ 8'\ 50'' = 3°\ 56'\ 25''$$

erwarten, welches rechnerische Ergebnis in der Tat im Canontext des Augsburger Exemplars des Almanach und dementsprechend in der Faksimile-Ausgabe (München 1915 p. 5) und ebenso am Schluß des sextum problema der Ausgabe, Venetiis 1502, richtig steht. Aber in der in der Bibliothèque de Ste. Geneviève aufbewahrten Kopie der Leiria-Ausgabe von 1496 steht deutlich:

$$3°\ 47'\ 35'' + 0°\ 8'\ 50'' = 3°\ 52'.$$

Dies aber ist die Sonnenlänge, welche die Ephemeriden des Regiomontan für den 15. März 1495 angeben. Sie kann also nur aus diesem Werk entnommen sein, während bei einem Neudruck der Canones (auch Leiria 1496) das Ungereimte dieser Einstellung erkannt und das Ergebnis mit $3°\ 56'\ 25''$ richtig gestellt ward.

18. Die Präzessionskonstante Zacutos und Regiomontans. Verweilen wir noch bei dem ungewöhnlich kleinen Wert der Präzessionskonstante, welche bei Zacuto in dem vierjährigen Betrag

$$1'\ 46''$$

in die Erscheinung tritt. Indem Zacuto in seinen Tabulae equationis solis das Vielfache der Zahl $1'\ 46''$ für 34 vierjährige Jahreszyklen gibt und den Gesamtbetrag für 136 Jahre auf $1°$ abrundet, legt er, wie schon oben (S. 116) dargelegt ist, als jährliche Präzession den Wert von

$$26,5''$$

zugrunde. Es kann keine Frage sein, daß dieser Wert auf die Alfonsinischen Tafeln bzw. deren Quellen zurückgeht. Allerdings muß man ihn dort erst aus der eigentümlichen Ausdrucksweise des Sexagesimalsystems für die Zeiteinteilung des Tages herausschälen. In den lateinischen Ausgaben der Alfonsinischen Tafeln ist er in der *Tabula motus medii Augium et Stellarum fixarum* angeführt und beträgt für einen Tag

$$4^{III}\ 20^{IV}\ 41^{V}\ 17^{VI}\ 12^{VIII}$$

wo 4^{III} den Sechzigsteln der Bogensekunde und jede folgende Ziffer den Sechzigsteln höherer Ordnung entsprechen[39]).

---

[39]) Vgl. hierüber auch Delambre, Hist. de l'astronomie au moyen âge. Paris 1819. 1°. p. 250.

Verwandelt man diese Zahlen in den Dezimalbruch einer Sekunde, so ergibt sich als Präzession

für einen mittleren Tag = 0″,0724133593, also
für das Jahr = 0″,072133593 × 365,25 = 26″,448979

Daraus folgt, wie wir es bei Zacuto (abgerundet) fanden, eine Präzession von
1° in 136,1 Jahren
und eine Periode der Präzession von
360° : 26″,448979 = 49000 Jahren.

Der auffallend niedrige Wert der säkularen Präzession gegenüber der selbst von der Mehrzahl der arabischen Astronomen angenommenen (z. B. Albategnius = 54,5″ oder 1° in 66 Jahren) rührt bekanntlich daher, daß die Späteren, nach dem Vorgang Thebits ibn chora (um 1140 n. Chr.) eine doppelte Präzession unterschieden, indem sie eine feste fortschreitende Präzession für die neunte Sphäre und eine periodische für die achte annahmen. Der Umlauf des Frühlingspunktes um 360° sollte sich für die feste in 49000 Jahren, für die periodische oder für die sogenannte Trepidation in 7000 Jahren vollziehen. Diese Perioden entstammen offenbar der jüdischen Kabbala.

Für unsere Frage über die Bedeutung der Ephemeriden Regiomontans für die portugiesischen Mathematiker und Nautiker zur Zeit der Junta ist es nicht unwichtig, darauf hinzuweisen, daß auch der deutsche Astronom sich einer Präzessionskonstante bedient, welche der von Zacuto benutzten jedenfalls sehr nahe kommt. Allerdings fehlt in den Ephemeriden eine ähnliche Tabula equationis solis, wie sie der Almanach perpetuum mitteilt, und vergeblich habe ich in der Literatur nach dem von Regiomontan bei seiner Tabula solis faktisch zugrunde gelegten Werte gesucht[40].

Man kann ihn jedoch angenähert aus der Zunahme der Sonnenlänge des gleichen Tages jedes vierten Zyklusjahres entnehmen — nur angenähert, weil Regiomontan seine Tafeln auf ganze Minuten abrundet. Bildet man die 48 Differenzen der Sonnenlängen je am 1. der 12 Monate der Jahre 1503—1475, 1504—1476, 1505—1477, 1506—1478, die im einzelnen regellos zwischen 11′ und 14′ schwanken, so ergibt sich als Durchschnitt für den vierjährigen Zyklus eine Zunahme der Sonnenlänge von

1′ 48,2″,

woraus allerdings eine etwas größere jährliche Zunahme folgen würde, nämlich
27,05″.

Ein Beweis, daß Regiomontan sich hinsichtlich der Präzession noch an die von den Alfonsinischen Tafeln benutzten Werte hält, kann auch darin gesehen werden, daß selbst Peter Apian im Jahre 1532 dieselben noch für Bestimmung seiner Sternorte zugrunde legt, wie er dies in seiner Schrift: „Introductio geographica Petri Apiani in doctissimas Verneri Annotationes (Ingolstadii 1533, Propositio XIII: Stellas fixas quascunque quo modo rectifices per motum octavae et nonae sphaerae ad singulos annos et dies") ausdrücklich und ziffernmäßig hervorhebt.

Daß im übrigen im Almanach des Zacuto und den Ephemeriden des Regiomontan zwei voneinander ganz unabhängige Berechnungen der Sonnenlänge vorliegen, ist zweifellos, und nur ein Zufall hat sie fast zu gleicher Zeit entstehen lassen. Regiomontan ist dem Zacuto im allgemeinen um 3′ bis 4′ voraus, so daß die Werte der Sonnenlänge in den Ephemeriden für das Jahr 1484 fast ganz übereinstimmen mit denen des Almanach perpetuum für das 3. Jahr des vierjährigen Zyklus, welches vom 1. März 1476 bis zum 29. Februar 1477 reicht. Es ist klar, daß diese kleinen Differenzen in den Sekunden auf die Einzelwerte der *Tabula declinationis solis* einen kaum merklichen Einfluß ausübten in jenen Zeiten, in denen man froh war, Messungen astronomischer Winkel auf Viertelgrade feststellen zu können. Die älteren Deklinationstafeln sind daher auch fast durchweg auf ganze Minuten abgerundet.

---

[40] Auch Houzeaus reichhaltiges „Vade-Mecum de l'astronomie" (Bruxelles 1882, p. 200) gibt keine Präzession für Regiomontan an.

V. Das Regimento do estrolabio.

19. Die historische Bedeutung des Regimento do estrolabio. Obwohl der Almanach perpetuum des Zacuto ebenso wie die Ephemeriden des Regiomontan den Portugiesen am Ende des 15. Jahrhunderts unzweifelhaft bekannt waren, so konnten sie ihnen doch in der Hauptsache bei nautischen Aufgaben nur von theoretischem Wert sein. Es bedurfte, um vor allem die Breitenbestimmungen kräftig in die Seemannskunst einzuführen, einer leicht faßlichen Anleitung, kurz eines nautischen Leitfadens für die Hand des praktischen Seemannes.

Als die älteste derartige Anweisung im Bereich der südeuropäischen Literatur — von den wenigen Andeutungen in Raymondo de Lollio, Arte de navegar (1295) abgesehen — galt bislang ziemlich allgemein die 1519 in Sevilla gedruckte, im Jahre 1530 wiederum herausgegebene Schrift *Suma de geographia* des Spaniers Martin Fernandez Enciso. In dieser spielt zwar die Landesbeschreibung die Hauptrolle, wie es schon der Titel ausdrückt: „Suma de geographia q̃ trata de todas las partidas y provincias del mundo: en especial de las indias." Aber auch die „arte del marear" kommt zu ihrem Recht, indem zur Einführung „la espera en romance", d. h. die Hauptlehren über die Erdkugel, ihre Zonen usw. nach dem Tractatus de sphaera des Sacrobosco in spanischer Sprache mitgeteilt werden. Dann aber folgt „*el regimiento del sol y del norte*", d. h. das Verfahren der Breitenbestimmung nach Sonnenhöhen und Höhe des Polarsterns. Vermißt man in dieser Schrift besonders hinsichtlich der letztgenannten Kapitel noch eine klare und präzise Form, so begegnet man in ihr, wie gesagt, nach bisherigen Anschauungen doch zuerst einer Beschreibung der für die nautische Astronomie so wichtigen Maßnahmen.

In dieser Frage haben nun die verdienstvollen Untersuchungen Joaquim Bensaudes gründlich Wandel geschaffen, indem er die Existenz eines nautischen Leitfadens von unzweifelhaft älterem Ursprung nachweist. Es ist dies die in portugiesischer Sprache verfaßte Schrift: „*Regimento do estrolabio e do quadrante*", die freilich den Namen eines Verfassers nicht trägt. Wir kennen dies überaus selten gewordene Werk heute bereits mit Sicherheit in zwei Ausgaben. Die jüngere ist schon 1883 von L. Cordeiro in der Bibliothek des Städtchens Evora entdeckt, aber damals in ihrer Bedeutung für die Geschichte der Nautik noch nicht richtig erkannt worden. Letzteres war ebenso wenig der Fall, als ein in der Münchener Königl. Hof- und Staatsbibliothek aufbewahrtes Exemplar der im Titel gleichlautenden Schrift den bekannten Forschern auf gleichem Gebiet Siegmund Günther (1890) und Eugen Geleich (1892) zu Gesicht gekommen war. Erst durch J. Bensaude ist ihr Wert richtig erkannt, ja man möchte sagen, er hat das Regimento do estrolabio recht eigentlich in den Mittelpunkt seiner Darlegungen über die Entwicklung der portugiesischen Nautik gestellt und dies mit einem gewissen Recht. Wir müssen daher bei der Analyse dieser Schrift länger verweilen.

Da auch das Münchener Exemplar keinen Verfasser nennt und leider der Titel dort, wo sicher einst der Druckort angeführt war, schadhaft ist, so daß man ihn nicht mehr feststellen kann, so bleibt nichts anderes übrig, als fortan von der Münchener- und der Evora-Ausgabe des Regimento zu sprechen. Bensaude gibt von beiden Ausgaben in seiner Schrift „L'Astronomie nautique au Portugal, 1912", eine ziemlich genaue Analyse; das Münchener Exemplar ist von ihm zugleich dem Faksimiledruck zugrunde gelegt, welchen er als Vol. 1 der *Collection de documents*, publiés par ordre du ministère de l'instruction publique de la République portugaise, 1914 (München, Carl Kuhn) herausgegeben und mit einer wertvollen Einleitung versehen hat. Das Werk ist auch gleichzeitig mit einer deutschen Übersetzung dieser Einleitung erschienen[41]).

Diese Einleitung beschäftigt sich allerdings, abgesehen von den Wiederholungen über den Beginn der wissenschaftlichen Nautik bei den Portugiesen aus dem Bensaudeschen Hauptwerk, im wesentlichen nur mit der Aufdeckung des Weges, auf welchem das seltene Werk in die Münchener Bibliothek gelangt sein könne. Es ergibt sich, daß der bekannte Humanist Conrad Peutinger in Augsburg durch

---

[41]) Seltenheiten aus süddeutschen Bibliotheken, herausgegeben v. E. Freys, O. Glauning u. E. Petzet, Nr. 5 (München, 1914, C. Kuhn).

seine Beziehungen zu Kaiser Maximilian und zu den Welsers, die frühzeitig kommerzielle Verbindungen mit Lissabon unterhielten, in Besitz auch der hier in Frage stehenden Erzeugnisse zeitgenössischer portugiesischer Literatur gekommen ist. Sie tragen noch sämtlich den Charakter der Inkunabeln an sich. Teilweise noch heute in Augsburg aufbewahrt, sind sie später meist der Königlich Bayerischen Hof- und Staatsbibliothek zu München einverleibt. Die ungemeine Seltenheit gerade dieser ältesten nautischen Werke führt Bensaude gewiß mit Recht auf ihre ängstliche Geheimhaltung zurück, die in jenem Zeitalter der seemännischen Rivalität Portugals und Spaniens begreiflich war.

Leider steht weder Druckort noch Druckjahr beider Ausgaben des Regimento fest.[42]) Die Evora-Ausgabe ist jedoch, wie der Titel angibt, von Germão Galhard gedruckt worden, aus dessen Offizin in Lissabon in den Jahren 1509 bis 1560 nachweisbar 47 Druckwerke hervorgegangen sind. Das Regimento selbst findet sich aber leider unter letzteren nicht. L. Cordeiro nahm die Jahre 1519 bis 1520 als Druckjahre an, da das Regimento bereits in dem zuerst 1521 erschienenen *Repertorio dos Tempos* von Valentim Fernandez reproduziert worden sei. Ob dies freilich tatsächlich der Fall ist, bedürfte m. E. noch eines näheren Vergleichs der Texte. Bei dem Münchener Exemplar ist, wie angedeutet, der untere Teil des Titels beschädigt. Der gewiegte Kenner der spanischen Inkunabeln, Conrad Haebler, glaubt die fehlenden Worte hinter „*Impreso em la cidade*" durch „*Lisboa por hermão de Campos*" ersetzen zu können. Da das älteste, von Herman de Campos gedruckte Werk aus dem Jahre 1509 stammt, nimmt Bensaude (a. a. O. S. 170) an, daß die Ausgabe, welcher das Münchener Exemplar angehört, zwischen 1509 und 1518 gedruckt sein müsse. Daß sie entschieden älter als die Evora-Ausgabe ist, ergibt sich, ganz abgesehen von einzelnen, noch zu besprechenden Merkmalen im Text, aus dem gesamten Tenor, in dem dieser verfaßt ist. Er ist viel elementarer gehalten, erläutert die Lehren, welche die Schrift dem praktischen Seemann an die Hand geben will, durch zahlreiche Beispiele, die in der einem gereifteren Standpunkt angepaßte Evora-Ausgabe wohl als unnötig fortgelassen sind. Sie gibt ferner die tägliche Sonnendeklination nur für ein Jahr, während die Evora-Ausgabe letztere für einen vierjährigen Zyklus mitteilt usw.

Bensaude analysiert den Inhalt beider Ausgaben eingehend und weist in überzeugender Weise den Einfluß nach, den das Regimento do estrolabio auch in der Folge für die nautische Literatur und Praxis gehabt habe, indem er seine Spuren oder die mehr oder weniger vollständige Reproduktion verfolgt. Er findet sie in den Schriften Duarte Pachecos (*Esmeraldo de situ orbis*), Joãos de Lisboa (*Livro de Marinharia*), im *Reportorio dos Tempos* von Valentim Fernandez, zuerst 1518 gedruckt und mehrfach bis 1570 neu herausgegeben, in den spanisch geschriebenen Schriften, der eben erwähnten *Suma de geographia* des Martin Fernandez Enciso (1519 und 1530), in dem erst jetzt von Bensaude wieder an Licht gezogenen *Tratado del esphera* des (Portugiesen) Francisco Faleiro (1535), endlich im *Tratado em defensam da carta de marear* seines Landsmanns Pedro Nunes (1537). Es kann in der Tat nach diesen überzeugenden Darlegungen kein Zweifel sein, daß wir es im Regimento mit einem Werk von grundlegender Bedeutung für die portugiesische wie spanische Nautik zu tun haben.

Um so wichtiger ist es, seine Entstehungszeit festzulegen. Bensaude steht nicht an, es für eine im Auftrage König Johanns II. († 1495) von der Junta dos mathematicos verfaßte Anweisung zu erklären. Er faßt die Resultate seiner

---

[42]) Es bedürfte der mühsamen Untersuchung über das Druckjahr des Regimento (München) nicht, wenn sich S. Günthers Angabe bewahrheitet hätte. Er spricht (1890. Vgl. Bibl. Math. N. Folge 4, S. 79) von der Inc. München 1551 m No — das ist eben das Regimento do estrolabio — und erkennt in ihr „eine im J. 1493, also noch zu Lebzeiten Behaims in Lissabon oder Coimbra gedruckte Übersetzung der Sphaera materialis des Sacrobosto", und E. Gelcich (Hamb. Festschrift S. 48) wiederholt, obwohl auch er das Werk in der Hand hatte, den Güntherschen Passus wörtlich. Nun endigt in der Tat der Text des Werkes (Faksimile-Ausgabe S. 62) mit den Worten: „*11 de julho: salutis de mill e quatro centro e nouenta e tres ános*". Aber beide Autoren haben übersehen, daß dies nicht das Druckjahr des Werkes, sondern das Datum des im Anhang abgedruckten Briefes des Dr. Monetarius (Münzer) ist, welcher mit den Worten endigt: „*Vale de numberga cilla du alta alamanha*." Dann folgt das Datum, das also mit dem Druckjahr nichts zu tun hat.

Untersuchungen in die Worte zusammen (a. a. O. S. 175): „En résumé, le Règlement modifié par Pedro Nunes avait subi auparavant d'autres altérations et additions. Le Règlement d'Evora n'est lui-même qu'une édition plus récente de celui de Munich." ... „Une ou plusieurs éditions inconnues, antérieures au Règlement de Munich feraient remonter à plus haut le commencement de cette série d'études". ... „Le plus ancien de ces documents provenait sans aucun doute des mathématiciens chargés d'étudier l'astronomie nautique et ces mathématiciens n'étaient autres que les membres de la Junta."

Ist die letztere Annahme in vieler Hinsicht höchst wahrscheinlich, so bleibt sie, solange ältere Fassungen im Manuskript oder im Druck als das Regimento von München nicht wieder zum Vorschein gebracht sind, freilich immer noch Vermutung. Unzweifelhaft dürfte aber aus der Erhaltung zweier deutlich voneinander verschiedener Fassungen des wichtigen Werkes hervorgehen, daß man es mit einem im Laufe der Jahre mehrfach umgearbeiteten, den Zeitverhältnissen bewußtvoll angepaßten Original zu tun hat. Bensaude gibt einen einleuchtenden Beweis für die Tatsache, daß die Druckausgabe, welcher das Münchener Exemplar angehört, wohl sicher nach 1504 erschienen sein müsse, und ich glaube dafür einen weiteren Grund (s. unten § 27) anführen zu können. Er macht es ferner wahrscheinlich, daß ein früherer Druck noch zu Lebzeiten Johanns II. († 1495) erschienen sein müsse, aber ich möchte zur Erwägung stellen, ob nicht aus der Fassung einzelner Kapitel oder Beigaben, wie namentlich dem noch recht mangelhaft zurechtgestutzten Kalender mit der einjährigen Deklinationstafel, hervorgeht, daß der Inhalt des Regimento von München aus Bruchstücken verschiedenen Alters zusammengesetzt ist, so daß es mir doch zweifelhaft erscheint, ob wir das Werk in älterer Fassung auf die Junta selbst zurückführen können.

20: Der Inhalt des Regimento. Zur besseren Übersicht wird zunächst eine kurze Inhaltsangabe nötig sein. Das Regimento (München) besteht aus zwei voneinander ganz unabhängigen, wenn auch sachlich in engem Zusammenhang stehenden Teilen; 1. dem eigentlichen nautischen Teil des *„Regimento do estrolabio e do quadrante"*, (24 S.) und 2. dem *„Tractado da Spera do mundo"*, (40 S.). Der letztere bildet dort also den Anhang, während dieser Traktat über die Kugel mit seinen zahlreichen Begriffsbestimmungen in der Evora-Ausgabe und auch anderen späteren nautischen Lehrbüchern, wie vor allem bei Faleiro, vorangestellt wird.

Was zunächst diesen zweiten Abschnitt betrifft, so ist er nichts anderes als eine fast wörtliche portugiesische (*tyrada de latim em lingoagem*) Übersetzung des das 13. bis 16. Jahrhundert beherrschenden, lateinisch geschriebenen Büchleins des John Holywood, genannt Johannes de Sacrobosco, Professors der Mathematik zu Paris († 1244 oder 1256), bekannt unter dem Titel: *Tractatus* oder *Libellus de sphaera*. In vier Kapiteln behandelt es bekanntlich die Anfangsgründe der Astronomie, ausgehend (Kap. I) von den Eigenschaften der Himmelskugel und der 9 Sphären des planetarischen Systems. Daran schließt sich (Kap. II) die Beschreibung der Erdkugel mit ihren sechs großen Kreisen (Äquator, Tierkreis mit den 12 Zeichen, Ekliptik, Coluren, Meridiane und Horizont) sowie den vier kleinen (Wende- und Polar-) Kreisen. Es folgt im Kap. III Auf- und Untergang der Sonne und Sterne, Unterschied der Tageslängen und der 7 Klimate. Den Schluß bilden (Kap. IV) die Bewegung der Planeten und die Ursachen von Sonnen- und Mondfinsternissen.

Es bedarf eines längeren Verweilens bei diesem allgemein orientierenden Abschnitt nicht. Seltsamerweise ist bereits in der Münchener Ausgabe diesem Tractado und später oft wiederholt der Brief des Dr. Monetarius (Hieronymus Münzer) angefügt[43]), den dieser i. J. 1494 an den Hof Johanns II. gelangten Nürnberger an letzteren behufs Empfehlung des Martin Behaim schrieb. Bensaude, der den Zusammenhang eingehend erörtert, schließt aus der geschilderten Kombination des Tractado mit dem Briefe, daß vermutlich die Originalausgabe des Regimento schon zu Lebzeiten Johanns, d. h. vor 1495, erschienen, ja daß die Übersetzung

---

[43]) Wie es im Titel heißt: *„(com ha carta que hũa grande doutor aleman mandou ao rey de purtugall dom Joham el segũdo)"*.

des Briefes und seine Vereinigung mit dem Traktat über die Kugel wohl auf Befehl D. Joãos erfolgt sei (a. a. O. p. 193). Es ist dies ein Nebenpunkt, den wir nicht weiter verfolgen.

Der Titel des Regimento drückt bereits die beiden Aufgaben, mit denen es sich zu beschäftigen hat, aus, nämlich 1. die Bestimmung der geographischen Breite aus der beobachteten Mittagshöhe der Sonne und 2. die Bestimmung der Polhöhe durch die Beobachtung des Nordsterns. Der Titel lautet:

Regimento do estrolabio e do quadrante pera saber | ha declinaçam e ho logar do sol em cada huũm dia | e asy pera saber ha estrella do norte.

Es ist oben (S. 112) dargelegt, daß die unmittelbare Bestimmung der Breite aus der Höhe des Pols über dem Horizont (Geograph. Breite = Polhöhe) die ältere Methode gewesen zu sein scheint, der die indirekte aus der Mittagshöhe der Sonne gewonnene (Geogr. Breite = dem Komplement der Höhe der Sonne im Äquator) erst nachgefolgt ist. Danach ist die Voranstellung der letzteren Aufgabe für die Entstehungszeit des gesamten nautischen Leitfadens bedeutungsvoll.

Bei genauerem Zusehen wird man im Regimento fünf Teile unterscheiden müssen, die bis zu einem gewissen Grade unabhängig nebeneinander stehen und in ihrer Anlage oder Fassung auf verschiedene Entstehungszeiten hindeuten, nämlich

1. Bestimmung der Breiten aus Sonnenhöhen (S. 2 bis 8).
2. Regimento do norte (S. 9).
3. Breitentabelle (S. 10 bis 12).
4. Segelanweisung nach der Marteloio-Regel (S. 12).
5. Kalender mit Angabe der Länge und Deklination der Sonne (S. 13 bis 24).

Wir wollen die Einzelabschnitte in etwas anderer Reihenfolge besprechen und Nr. 5 gleich mit der ersten Aufgabe kombinieren.

21. Die Bestimmung der Breite aus Sonnenhöhen erläutert durch 17 vorgerechnete Beispiele, wie man sich jeweilig vom Äquator entfernt weiß. Hierbei werden die Einzelfälle unterschieden, je nachdem man im Sommerhalbjahr, d. h. zwischen dem 11. März und 14. September oder im Winterhalbjahr zwischen dem 14. September und 11. März, beobachtet und dabei nördlich oder südlich des Äquators und weiter innerhalb oder außerhalb der Wendekreise bzw. auf dem Äquator sich befindet. Dieser ganze Passus wird im Auszuge und in französischer Übersetzung des Originals von Bensaude wiedergegeben (a. a. O. p. 120 bis 123). Es wird genügen, eines der Beispiele im Wortlaut anzuführen (Faksimile-Ausgabe S. 5). „Wenn die Sonne in den südlichen Zeichen steht, welches sind Libra, Scorpio, Sagitari, Capricorno, Aquario und Pisces, und es ist zwischen dem 14. September und 11. März, so mußt du wie folgt verfahren: du nimmst die Sonnenhöhe, wie ich es schon gesagt habe, suchst in der Tafel die Deklination für den (Beobachtungs-)Tag. Alsdann addiere diese beiden Zahlen und ziehe sie von 90° ab; der Rest ist deine Entfernung vom Äquator". D. h. also

$$\text{Nord-Breite} = 90° - (h + d).$$

„Am 10. November hast du die Höhe von 35°. Fügst du 19 Grade und 35 Minuten hinzu, welches die Deklination ist für den 27. Grad des Scorpions, so erhältst du 54 Grade und 35 Minuten. Wenn du diese von 90° abziehst, folgt 35 Grad und 25 Minuten. Soweit bist du von der Linie entfernt". (D. h. wieder Breite $= 90 - (h + d)$.

Die gleichen Bestimmungen kehren in den späteren nautischen Lehrbüchern wieder, meist etwas kürzer gefaßt. Das Regimento von Evora gibt keine Einzelbeispiele. Bensaude (p. 126—129) verfolgt die Methoden noch weiter nach den Schriften von Duarte Pacheco, João de Lisboa und Pedro Nunes, sowie dem Briefe Mestre Joãos, des Piloten Cabrals, vom 27. April 1500 (vgl. § 27). Nunes führt statt der Sonnenhöhe die Zenitdistanz des mittägigen Sonnenstandes ein, wodurch sich die Grundformeln natürlich ein wenig vereinfachen.

22. Die Deklinationstafel der älteren Ausgaben des Regimento. In allen Beispielen des Regimento werden die Werte der Deklination der ausführlichen, am Ende stehenden Tafel entnommen. Mit dieser hat es eine eigene Bewandtnis, die auch J. Bensaude entgangen zu sein scheint, da er sich auf eine kurze Beschreibung ihrer äußeren Ausstattung unter Hervorhebung einiger offensichtlicher

Druckfehler beschränkt (a. a. O. p. 227). Die Tafel soll dem Seemann offenbar die Auffindung der Deklination der Sonne an einem beliebigen Tage des Jahres möglichst erleichtern. Er soll der früher erläuterten, etwas verwickelten Aufsuchung der Sonnenlänge, welche dem betreffenden Tage zukommt, aus einer eigenen Tabula solis, um daraus dann die zugehörige Deklination zu berechnen, ganz überhoben sein. Selbst die geringe Verschiebung der Deklinationswerte innerhalb eines vierjährigen Zyklus, welchem die Regiomontanschen Tafeln durch Kombination eines Kalenders mit den Deklinationswerten Rechnung trugen, ward als bedeutungslos für die erste Einführung des Seemanns in diesen grundlegenden Teil der astronomischen Nautik angesehen. Man gab ihm statt dessen sozusagen einen immerwährenden Kalender mit den nötigen Daten in die Hand und wählte dafür ein Schaltjahr. Geben wir zunächst ein Bruchstück seines Aussehens. Mit Absicht wähle ich ein solches aus der Mitte des April.

Tafel 6.

K. L. Abril teem. XXX. dias. luna. XXIX. ho dia ɔ. XII a ij hõs. ano. X.

		Di Do mes	Lugar. sol.	Decliaçã sol Graã Mĩũt		Diff. Min.
A	Atreladaçã de setã mo	9	Aries 29	11	10	22
b	Apolonio presbitero	10	30	11	32	21
c	Eustorgio presbitero	11	Tauro 1	11	53	21
d	Victorino d'braga mar	12	2	12	14	20
e	Osemea virgẽ er migil	13	3	12	34	21
f	Tiburcio e valerião m	14	4	12	55	20
g	Isydro neapol' martyr	15	5	13	15	20
A	Fructuoso bispo d' ba	16	6	13	35	10!
b	Anuceto papa e mart	17	6	13	45	10!
c	Alphen arçobispo mar	18	7	13	55	20
d	Cresencio confessor e m	19	8	14	15	19
e	Leon papa confessor	20	9	14	34	

Es ist klar, daß die erste Kolumne die Wochentage bezeichnet und damit allerdings dem Kalender den Stempel eines für ein bestimmtes Jahr geltenden aufdrückt, denn die Wochentage verschieben sich ja von Jahr zu Jahr um einen, vom Schalttag an um zwei Tage. — Die zweite Kolumne enthält einerseits die Namen der Kalenderheiligen, die größtenteils noch mit den heutigen des katholischen Kalenders übereinstimmen, anderseits die (59) mit einem bestimmten Datum fest verbundenen Festtage, durch Rotdruck vor den übrigen ausgezeichnet. — Die dritte Kolumne zählt die 366 Tage eines Schaltjahres auf. — Die vierte gibt die jeweilige Sonnenlänge (*Lugar do sol*), die fünfte und sechste die zugehörige Sonnendeklination in Graden und Minuten. Die letzte Kolumne, welche die Differenz des Wachstums der Deklination von einem Mittag zum anderen erkennen läßt, ist der folgenden Betrachtung wegen von mir angefügt.

Die Tafel der Sonnenlänge hat J. Bensaude doch zu flüchtig angesehen und daher mißverstanden. Er meint, die jeweilige Sonnenlänge sei in auf ganze Grade abgerundeter Form aus dem Mittel der vier Längenwerte für das gleiche Datum im vierjährigen Zyklus nach der entsprechenden Tafel im Almanach perpetuum hervorgegangen⁴⁴). Das ist ein Irrtum. Diese Tafel entspricht vielmehr der althergebrachten Einteilung des Sonnenumlaufs in zwölf gleiche Signa zu je 30 Grad. Um aber diese 360 Einzelwerte der Zahl von 366 Tagen eines Schaltjahres anzupassen, werden nicht etwa die eingradigen Fortschritte der Sonne je nach dem schnelleren oder langsameren Verlauf der Sonne innerhalb eines Zeitraumes von 24 Stunden umgerechnet, sondern es werden einfach 6 Tage eingeschoben, denen in ganzen Graden dieselbe Sonnenlänge wie am Tage zuvor zugeteilt wird! Dies ist in obiger Tabelle ersichtlich durch die Wiederholung der Zahl 6° *Tauri* für den 17. April.

Verfolgt man die Stellen des Kalenders, für welche diese Einschiebungen gemacht sind, so erkennt man leicht, daß damit versucht ist, der längeren Dauer des Sommerhalbjahres zwischen dem 11. März und 14. September um etwa acht Tage gegenüber dem Winterhalbjahr Rechnung zu tragen. Diese Einschiebungen erfolgen nämlich für den

1. März,   17. März,   17. April,   17. Mai.
31. Mai,   1. Juli,   1. August,   17. August.

Dadurch würde allerdings das Jahr auf 360 + 8 = 368 Tage anwachsen. Zum Ausgleich wird indessen im Winter dem Signum des Schützen (Sagittarius) und dem des Steinbocks (Capricornius) je ein Tag entzogen, so daß beide nur je 29 Grade umfassen. Nun kannte man ja aus alten Zeiten — und nicht erst aus Zacuto — auch nur 360 oder, wenn man will, 4 × 90 auf- und absteigende Deklinationswerte, während man für den Kalender des Regimento deren 366 bedurfte. Auch hier ging man nicht an eine Umrechnung der Einzelwerte, wie sie dem rascheren oder langsameren Fortschritt der Sonnenlänge von Mittag zu Mittag entsprochen haben würde, sondern man hat für die acht eingeschobenen Tage entweder solche aus den nächsten Nachbarwerten interpoliert, oder setzte gar für den eingeschobenen Tag die Deklination des vorhergehenden unmittelbar wieder ein. So erhalten z. B. gleichmäßig als Deklinationswerte:

29. Februar   3° 59'   30. Mai   23° 0'
1. März   3° 59'   31. Mai   23° 0'

Und während z. B. in der Mitte des April, wie aus der letzten Spalte von Tabelle 6 ersichtlich ist, die Deklination in 24ʰ um 20' wächst, gab man dieselbe vom 16. zum 17. und vom 17. zum 18. April nur um je 10' höher an.

Darf man in diesem Kalender einerseits die bis jetzt bekannte älteste Form einer den Kalendertagen angepaßten Deklinationstafel erblicken — und darin liegt ihr hervorragendes historisches Interesse — so zeigt er anderseits, trotz Einsicht in das Wesen des Kalenders, ein Unvermögen, ihm die alten Tabulae solis et declinationis solis anzupassen, so daß man seine Entstehungszeit weit rückwärts verlegen muß. Sie kann als die Arbeit einer gelehrten Junta dos mathematicos kaum in Anspruch genommen werden, wenn man dieser nicht gleichzeitig ein Armutszeugnis ausstellen will. Die Fehler der Breitenbestimmung übersteigen unter Benutzung dieser Deklinationstafel für einzelne Tage einen halben Grad und übertreffen damit auch die damaligen Beobachtungsfehler bei Anwendung des Astrolabiums oder Quadranten um ein Beträchtliches. Der Fortschritt, den in dieser Beziehung die Evoraausgabe durch Einstellung einer weit korrekteren Tafel macht, springt in die Augen, wiewohl auch sie noch auffallende Mängel zeigt.

23. Die Deklinationstafel der späteren Ausgabe des Regimento von Evora. Wie die spätere Ausgabe des Regimento in fast allen Punkten eine strengere Fassung, Stofferweiterung und größere Exaktheit zeigt, so ebenfalls auch in den mit dem Kalender wiederum verbundenen Tabellen der Sonnenlänge und Sonnendeklination.

---

⁴⁴) „Voici pour exemple la position du soleil dans le signe de *Aries* le 10 avril de chaque année

Tabula prima solis   29° 38' 26"   Tabula tertia solis   29° 9' 45"
„ secunda „   29° 24' 5"   „ quarta „   29° 56' 13".

Dans le Règlement de Munich on néglige ces différences. Les tables d'une seule année indiquent pour le 10 avril 30°" (L'astronomie naut. p. 117).

Sie hat mir im Original nicht vorgelegen. Zum Glück druckte jedoch J. Bensaude das gesamte Zahlenmaterial der Tabelle (a. a. O. p. 243 bis 250) ab, beschränkte sich im übrigen aber auf eine ganz kurze Beschreibung ihrer äußeren Form und Berichtigung einiger in die Augen fallender Druckfehler, ohne auf ihren Ursprung und ihren etwaigen Zusammenhang mit früheren Tafeln einzugehen. Dies muß hier also nachgeholt werden.

Im Gegensatz zu der Münchener Ausgabe bietet die von Evora eine Tafel für einen vierjährigen Zyklus und beginnt mit dem Schaltjahr. (Anno do bisesto.) Nur für dieses letztere ist nach Bensaudes Angaben (S. 241) die gleiche Form wie in der Münchener Ausgabe beibehalten. Sie scheint also auch Wochentage, Kalenderheilige, Monatstage, Sonnenlänge und Deklination für jeden einzelnen Tag zu enthalten. Die Tafeln für das 1., 2., 3. Jahr nach dem Schaltjahr geben jedoch nur das Datum und die Deklinationsziffern. Sämtliche Werte beschränken sich auf Grade und ganze Minuten.

Uns beschäftigt zunächst die Tabula solis oder die der Sonnenlängen. Woher stammt sie? Sie weicht ebenso von den Originaltafeln im Almanach perpetuum des Zacuto wie von denen Regiomontans ab. Der Gedanke liegt jedoch nahe, daß es sich um eine mittels der *Tabula equationis*, d. h. der Präzessionstafel (s. o. S. 116) fortgeführte Tafel der Zacutoschen Originaltafeln handelt, und daß man alsdann auch auf die Jahre, für welche sie gelten soll, schließen und somit ihr einen Beitrag zur Datierung der Evoraausgabe entnehmen könne.

In der Tat führt die Untersuchung zu einem greifbaren Resultat. Es ergibt sich zunächst, daß, wenn man den Einzelwerten für die Monate Januar und Februar der *Tabula tertia solis* und für die Monate März bis Juni der *Tabula quarta* (also dem Schaltjahr 1475) im Almanach perpetuum je den Präzessionszuwachs für 44 Jahre oder 11 Zyklen, d. h. $11 \times 1' 46''$), genauer nach der Tabula equationis

$$19' 25''$$

hinzufügt, die auf Minuten abgerundeten Werte in der Evoraausgabe herausspringen. Dabei bedarf es der Ausmerzung von wenigen Angaben, bei denen ein Rechen- oder ein Druckfehler offensichtlich vorliegt, welche letzteren auch im Almanach perpetuum keineswegs fehlen. Hiernach würde die neue Tafel für ein dem Schaltjahr 1475 nach 11 Zyklen, also nach 44 Jahren folgendes Jahr, d. h. also für das Jahr

$$1518$$

zu gelten haben, was gut zu Cordeiros Vermutung über das Druckjahr der Evoraausgabe (s. o. S. 164) stimmt. Zum Beweise für diese Interpretation stelle ich die je um $19' 25''$ vergrößerten Zacuto-Werte des Januar 1475 für alle einzelnen Tage den Evoraangaben gegenüber, beschränke mich jedoch bei den Monaten Februar bis Juni auf je vier Monatsdaten.

Tafel 7.

Janeyro.

Dias do mes	Lugar do sol Zacuto g. m. s.	Evora gr. m.	Dias do mes	Lugar do sol Zacuto g. m. s.	Evora gr. m.	Dias do mes	Lugar do sol Zacuto g. m. s.	Evora gr. m.
1.	20° 28' 31''	20° 29'	11.	0° 40' 52''	0° 41'	21.	10° 51' 28''	10° 52'
2.	21 29 46	21 30	12.	1 42 5	1 42	22.	11 51 39	11 52
3.	22 31 1	22 31	13.	2 43 18	2 43	23.	12 53 17	12 53
4.	23 31 46	23 32	14.	3 44 25	3 45	24.	13 54 10	13 53*
5.	24 33 31	24 34	15.	4 45 34	4 46	25.	14 55 2	14 54*
6.	25 34 46	25 35	16.	5 46 43	5 47	26.	15 55 43	15 54*
7.	26 36 00	26 36	17.	6 47 41	6 48	27.	16 55 25	16 56
8.	27 37 14	27 37	18.	7 48 40	7 49	28.	17 57 7	17 57
9.	28 38 27	28 39	19.	8 49 37	8 50	29.	18 57 46	18 58
10.	29 39 40	28 40	20.	9 50 32	9 51	30.	19 58 25	19 59
						31.	20 59 4	20 59

* Die Evorawerte für den 24., 25., 26. Januar beruhen sicher auf Berechnungsfehlern.

Tafel 8.

II. Feuereyo. III. Março. IV. Abril. V. Mayo. VI. Junho.

Dias do mes	Lugar do sol Zacuto g. m. s.	Lugar do sol Evora gr. m.	Dias do mes	Lugar do sol Zacuto g. m. s.	Lugar do sol Evora gr. m.	Dias do mes	Lugar do sol Zacuto g. m. s.	Lugar do sol Evora gr. m.
	Pisces			Gemini			Leo	
1. II.	23° 59′ 41″	22° 0′	1. IV.	21° 30′ 20″	21° 30′	1. VI.	20° 0′ 3″	20° 0′
	Aries			Cancer			Virgo	
9. II.	3 36	4	10. IV.	15 38	16	12. VI.	27 19	27
20. II.	11 5 12	11 5	20. IV.	9 54 54	10 0	20. VI.	9 0 30	9 0
29. II.	20 2 31	20 3	30. IV.	19 31 13	19 31	31. VI.	17 33 48	17 34
1. III.	21 2 7	21 2	1. V.	20 26 13	20 28*			
	Gemini			Leo				
11. III.	56 25	55*	11. V.	0 22	0			
20. III.	9 46 5	9 46	20. V.	8 34 19	8 35			
31. III.	20 30 55	20 31	31. V.	19 3 2	19 3			

Von den 182 Evorawerten dieser sechs ersten Monate des Jahres entsprechen 160 genau den auf ganze Minuten abgerundeten (und auf 1518 reduzierten) Zacutowerten. Die übrigen 22 um mehr als 1′ differierenden Werte lassen sich unschwer auf Druck- oder Rechenfehler zurückführen. Für den 19. bis 27. April schreiten die Sonnenlängen des Regimento von Evora allerdings auffallenderweise in ganzen Graden (9° 0′, 10° 0′, 11° 0′ . . . . 17° 0′) fort, wodurch die Differenzen mit den aus Zacuto berechneten Ziffern schließlich bis auf $21\frac{1}{2}$′ steigen. Offenbar ist hierbei eine Lücke im Manuskript oder im Satz von einem Unkundigen in roher Weise ergänzt.

Seltsamerweise schließen sich nun aber die Werte der Sonnenlänge für die Monate Juli bis Dezember nicht folgerichtig an die des Juni an. Es findet eine Diskontinuität in dem Wachstum derselben vom 30. Juni zum 1. Juli statt. Während die Länge am Ende Juni und wiederum am Anfang Juli täglich um 57′ zunimmt, resultiert bei jenem Übergang nur 41′

$$\begin{array}{ll} 28.\text{ Juni Länge} = 15° 40′ & \text{Diff. } 57′ \\ 29.\ \text{„} \quad \text{„} = 16° 37′ & \text{„ } 57′ \\ 30.\ \text{„} \quad \text{„} = 17° 34′ & \text{„ } 41′ \\ 1.\text{ Juli} \quad \text{„} = 18° 15′ & \text{„ } 57′ \\ 2.\ \text{„} \quad \text{„} = 19° 12′ & \text{„ } 58′ \\ 3.\ \text{„} \quad \text{„} = 20° 10′ & \end{array}$$

Möglicherweise entstammt daher diese zweite Hälfte der Tafel *Lugar do sol* der Evoraausgabe der Arbeit eines anderen Berechners, als die erste, und dieser neue Berechner hat seine Berechnung nicht mit dem Monat Juli der *Tabula quarta solis* des Almanach perpetuum (1. Juli: 18° 11′ 25″), sondern mit dem Juli der *Tabula prima solis* begonnen, was unmöglich als Absicht, sondern nur als ein Versehen gedeutet werden kann. In der Tat, wenn man die entsprechenden Werte im Zacutoschen Almanach wiederum durch Addition von

19′ 25″

auf die Zeit nach 44 Jahren oder 11 Zyklen bringt, erhält man im allgemeinen diejenigen der Evoraausgabe. Nur stellen sich häufigere Widersprüche als für das erste Halbjahr ein. Von den 194 Einzelwerten dieser sechs Monate stimmen 145 gut, bei 49 übersteigen die Differenzen 1′, von denen mehrere sich sofort als reine Druckfehler erweisen.

Was nun die Werte der Deklinationstabellen betrifft, so vermag ich eine Tafel, welcher sie unmittelbar entnommen wären, nicht nachzuweisen. Sie scheinen vielmehr das Ergebnis einer neuen Berechnung zu sein. Dies läßt sich freilich nur an der Hand bzw. für das *Anno do bisesto* prüfen, weil allein diese Tafel die Sonnenlänge für die Einzeltage des Jahres angibt. Die Berechnung der Deklination aus dieser ist bekanntlich eine sehr einfache Sache. Ist l die Sonnen-

länge, vom Widderpunkt aus gerechnet, ε die Schiefe der Ekliptik, so bestimmt sich d, die Deklination, aus dem rechtwinkligen Dreieck der drei Bogenstücke
$$\sin d = \sin l \cdot \sin \varepsilon.$$
Die Schiefe der Ekliptik nimmt die Evoraausgabe wie Zacuto noch zu
23° 33'
an. Berechnet man hiernach für die oben in Tabelle I und II im Auszuge mitgeteilten Sonnenlängen die Deklination, so ergibt sich allerdings nur selten eine genaue Übereinstimmung mit den Worten der Evora-Ausgabe, vielmehr zeigen sich fast durchweg Differenzen von mehreren Bogenminuten, und zwar sind diese keineswegs konstant, sondern wechseln rasch in der Höhe und im Zeichen, wie aus dem Vergleich der Werte für den 10. bis 15. Juli ersehen werden mag:

	10. VII.	11. VII.	12. VII.	13. VII.	14. VII.	15. VII.
Berechnet	20° 53'	20° 42'	20° 30'	20° 19'	20° 6'	19° 54'
Evora-Ausgabe	20° 52'	20° 45'	20° 27'	20° 15'	20° 4'	19° 51'
	− 1'	+ 3'	− 3'	− 4'	− 2'	− 3'

Danach scheint es, daß wir es auch hier mit einer ziemlich nachlässig berechneten Deklinationstafel zu tun haben. Freilich erreichen die Fehler nirgends eine für den praktischen Seemann auch des 2. und 3. Jahrzehnts im 16. Jahrhundert in Betracht kommende Höhe.

24. Die späteren Deklinationstafeln. Eugen Gelcich, dem bei Abfassung seiner umfassenden Abhandlung: „*I primi passi della scienza nautica*", 1892[45]), aus der Zeit zwischen dem Erscheinen der Ephemerides des Regiomontan (erster Druck 1474) und Enciso's Suma de geographia, 1519, nicht ein einziges nautisches Werk bekannt war, wunderte sich damals[46]), daß „von den anderen Ephemeriden aus dem Anfang des 16. Jahrhunderts, die in den Werken über die Geschichte der Geographie genannt werden, als ob sie von Seeleuten gebraucht worden wären, keine einzige die Deklination der Sonne angebe". Er führt dieses Fehlen in fast sämtlichen Auflagen der astronomischen Tafeln auf den Umstand zurück, daß „weil die Seeleute ihre eigenen durch Behaim eingeführten Tafeln — gemeint sind die Regiomontanschen — in den nautischen Büchern besessen hätten, die Herausgeber der Ephemeriden einen besonderen Zweck, solche Tabellen in ihre Sammlungen aufzunehmen, nicht mehr eingesehen hätten. Die Verbesserung Behaims müsse sich somit unter allen Seenationen raschen Eingang verschafft haben." In diesen Worten liegt wieder ein Musterbeispiel für die Trugschlüsse vor, wie sie Gelcich so oft aus einer vorgefaßten Meinung heraus ohne Bedenken abgeleitet hat. Die Behaimfrage scheiden wir dabei als nunmehr erledigt ganz aus.

Als die Quellen für seine Behauptung führt er unter den Astronomen, welche das Beispiel Regiomontans nicht nachgeahmt hätten, an: Engel, a Vienna (ephemeridi per gli anni 1494—1500), Bernardo de Grenolacks, a Barcelona, J. Stöffer (sic), a Vienna (1498), Abraham Zanithi (sic), a Venezia (1499). Die fehlerhafte Wiedergabe dreier Namen unter den vier Genannten gibt wohl den besten Beweis, daß Gelcich damals kein einziges der betreffenden Werke in der Hand gehabt hat. Unter Abraham Zanithi ist offenbar Abraham Zacuto (Zacutho) gemeint. Als Gelcich 1892 für die Hamburger Festschrift zur Erinnerung an die Entdeckung Amerikas einen Beitrag über „die Instrumente und die wissenschaftlichen Hilfsmittel der Nautik zur Zeit der großen Länderentdeckung" schrieb, hatte er sich inzwischen etwas besser orientiert, ließ den Abraham Zanithi fallen und spricht nur noch von Engel, Granolach und Stöffler[47]). Es handelt sich dabei einmal um den 1512 verstorbenen Professor der Astronomie in Wien Johannes Angelus (aus Aichem in Bayern), dessen *Astrolabium planum in Tabulis ascendens* 1488 in Augsburg erschien[48]), aber wohl nicht zum erstenmal, da im Titel von „*a novo elaboratum*" gesprochen wird. Eine spätere Auflage erschien

---

[45]) Rivista Marittima, luglio—agosto—dicembre, Roma 1892.
[46]) A. a. O. p. 49 des Estratto dalla Rivista Marittima.
[47]) Hamburg. Festschr. 1892, II. Abh., 79.
[48]) Vgl. Hain I. 1500—1502, u. Pellechet, Cat. gén. des incunables de la biblioth. publ. de France. I. 1897, p. 754—759.

1494 in Venedig. Über Granolachs Lebenszeit habe ich keine Daten gefunden. Er stammte aus Barcelona und seine Ephemeriden erschienen wohl zuerst 1485 unter dem Titel: „*Granollachi Bernardi Barcionensis conjunctiones et oppositiones lune ab anno 1485 ad annum 1500* ohne Jahr und Druckort. Eine zweite Ausgabe Roma (Plannck) 1488 (für die Jahre 1488 bis 1550) ist verbürgt, andere werden für 1491 und 1493 genannt[49]). Geleich hat übersehen, daß diese Tafeln Engels und Granolachs, ebenso wie diejenigen Stöfflers, wesentlich nur der Astrologie dienten. Es heißt im Titel des Granolachschen Werkes ausdrücklich: „*tractatus . . . ex nobilissima arte astrologiae extractus*". Danach ist in diesen Tafeln das Fehlen einer Deklinationstafel der Sonne nicht weiter verwunderlich. Übrigens blieb Geleich den Beweis dafür schuldig, daß die Benutzung dieser einseitig die Konjunktionen und Oppositionen des Mondes für eine Reihe von Jahren enthaltenden Tafelwerke von seiten der zeitgenössischen Seeleute literarisch verbürgt wäre.

Viel auffallender ist dagegen, daß Lucilius Santritter in seiner Ausgabe des Almanach perpetuum Abraham Zacuti (Venetis 1502), wie oben (S. 157) dargelegt ward, die Deklinationstafel des Originalwerkes nicht mit aufgenommen hat. Der Grund, daß auch in den übrigen italienischen und süddeutschen Ephemeriden jenes Zeitalters die gleichen Tafeln fehlen, scheint uns vielmehr darin zu liegen, daß im Binnenlande das Bedürfnis nach neuen Ortsbestimmungen auf Grund von Sonnenhöhen sich noch zu wenig regte, wohl hauptsächlich infolge der Herrschaft des wiedererwachten Ptolemäus. Dadurch erklärt es sich m. E. auch, daß sich in den *Tabulae civitatum* Breitenangaben von bekannten Orten lange erhielten, die um halbe, ja ganze Grade falsch sind. Es ist im Gegensatz zu dieser Erfahrung besonders bemerkenswert, daß in den frühen nautischen Leitfäden, als deren ältesten Entwurf wir zur Zeit das *Regimento do estrolabio* betrachten, die Deklinationstafel nicht nur nicht fehlt, sondern meist einen breiten Raum einnimmt.

Als nächstes in Frage kommendes Werk wird die *Suma de geographia* des Spaniers Martin Fernandez Enciso gelten müssen. Es erschien zuerst 1519 und später nochmals 1530[50]). Ein Vergleich seiner neuen Deklinationstafel, die gleichfalls die tägliche Abweichung der Sonne vom Äquator für den vierjährigen Zyklus gibt, mit der oben besprochenen in der Evora-Ausgabe des Regimento zeigt, daß bei Enciso eine Neuberechnung vorliegt, welche die zahlreichen kleinen Fehler und Unstetigkeiten der letzteren vermeidet. Sie ist entschieden korrekter und weicht im allgemeinen um $\pm$ 1' von den Evorawerten ab. Wo die Unterschiede sich auf 3' bis 4' erheben, läßt sich die Ursache fast durchweg auf Fehler der älteren (Evora-) Tabelle zurückführen. Es verlohnt sich kaum, für diese Behauptung, die sich auf eine sorgfältige Prüfung stützt, hier noch einen ziffernmäßigen Beweis beizubringen. Die Tafel für das „*Año primero despues del bisiesto*" (d. h. nach dem Schaltjahr) wird zugleich mit dem Namen der Tage auf 12 Seiten zum Abdruck gebracht, jede für die drei übrigen Jahre nimmt nur vier Druckseiten ein. Alle Angaben sind auf Minuten abgerundet.

Mit dieser Tafel, wie sie zuerst bei Enciso erscheint, ist nun für die damalige Nautik ein gewisser Kanon erreicht. Denn wir finden sie völlig identisch wiedergegeben in Francisco Falciro's *Arte del marear* (1535)[51]), sowie in Pedro de Medina's *Arte de navegar* (1545, Fol. LIII bis LX), nebst deren italienischer Übersetzung (Vinetia 1554, Fol. LXXVII bis LXXXIV). Es ist schon hervorgehoben, daß alle drei Autoren noch an dem älteren Maximalwert der Deklination oder einer Ekliptikschiefe von 23° 33' wie Zacuto festhielten. Charakteristischerweise fehlt es aber bei ihnen gänzlich an einer Tafel der Sonnenlängen. Sie hatte bei Kenntnis der Deklination für jeden Tag des Jahres innerhalb des vierjährigen

---

[49]) Vgl. Hain II, 1861—1867 u. Pellechet, III. 1909, 5297—5299. In Poggendorffs biogr.-lit. Handwörterbuch z. Gesch. d. exakt. Wiss. fehlt Granolachs Name ebenso wie in Houzeaus Vade-Mecum de l'astron. Bruxelles 1882. Die Münchener Hof- u. Staatsbibl. besitzt d. Werk (Incun. s. a. 919).

[50]) Ich vermochte nur die Ausgabe von 1530 zu benutzen (Münchener Hof- u. Staatsbibliothek). Sie scheint einige Abweichungen gegen die Originalauflage von 1519 zu enthalten. Letztere ist außerordentlich selten. Ein jüngst von Jos. Baer in Frankfurt verkauftes Exemplar ist in den Besitz des holländischen Sammlers, Herrn W. A. Engelbrecht in Rotterdam, übergegangen.

[51]) Faksimile-Ausgabe 1913; 91—102. Jede Seite enthält vier Monate.

Zyklus für den praktischen Seemann damaliger Zeit keine Bedeutung mehr, und man ließ sie daher ganz fallen.

Pedro Nunes kehrt in seiner mehr theoretischen Schrift „*Tratado em defensam da carta de marear cõ o regimẽto da altura*", welche er 1537 zugleich mit der größeren „*Tratado da Sphera*" herausgab, zur einfachen Deklinationstabelle [52]), wie sie aus Zacutos Almanach oben (S. 115) zum Abdruck gelangt ist, zurück, gibt also nur die 90 Werte für die auf- und absteigenden Äste der nach ganzen Graden der Sonnenlängen fortschreitenden Deklination. Aber er schließt sich dabei an den von Regiomontan angenommenen Maximalwert

$$23° 30'$$

an. „*Quoniam maxima Solis declinatio nostro tempore Gr. continet 23 m. 30* ". In der lateinischen Ausgabe seines Werkes macht er den Leser nochmals auf diesen Punkt besonders aufmerksam; denn dort lautet die Überschrift:

Tabula declinationis solis maxima subjiciens declinationem Gr. 23 m. 30.

Auf ganze Minuten abgerundet stimmen alle 90 Daten der Tafel mit derjenigen in Regiomontans *Tabula directionum* überein. Eine Folge dieser Beschränkung ist dann freilich für Nunes wieder die Beigabe einer ausführlichen *Tabula solis* im vierjährigen Zyklus für die ausdrücklich namhaft gemachten Jahre 1537 bis 1540.

Ein weiterer Verfolg der Deklinationstafeln liegt außerhalb des Rahmens dieser Studie.

---

[52]) Vgl. die Faksimile-Ausgabe des Tratado da Esphera. München 1915, p. 171, sowie P. Nonii Salaciensis Opera. Basileae 1566. p. 65.

Die Entwicklung der wissenschaftlichen Nautik im Beginn des Zeitalters der Entdeckungen nach neuern Anschauungen.

Von Prof. Dr. Herrmann Wagner in Göttingen.

(Fortsetzung.)

25. Die genauere Bestimmung der Polhöhe (Regimento do norte). Die ältere Methode der Breitenbestimmung mittels Beobachtung der Höhe des Himmelspols über dem Horizont, welche durch diejenige aus Sonnenhöhen von seiten der Praktiker gegen Ende des 15. Jahrhunderts wohl zurückgedrängt ward, wird doch in den oft beschriebenen nautischen Leitfäden keineswegs vernachlässigt. Ja, sie wird im Regimento do estrolabio gleich im Titel mitgenannt: „*para saber ha estrella do norte*". Sie hat eine lange Vorgeschichte, die man als die Periode der Zeitbestimmung aus der Beobachtung des sich im Kreise um den Pol drehenden Sternbilds des Kleinen Bären während der Nacht bezeichnen könnte. Hierbei spielte der Polarstern selbst, d. h. *a Ursae minoris* eine geringere Rolle. Denn wenngleich sein Polabstand um jene Zeit des 15. Jahrhunderts nicht unbeträchtlich größer war als heute (1917: 1° 8'), nämlich etwa $3^1/_2$°, so war sein Drehkreis für die Beobachtung des Stundenwinkels mittels der damaligen Instrumente doch immer noch klein. Man bevorzugte seit Jahrhunderten die um 15°—18° vom Pol entfernten Sterne β und γ *Ursae minoris*, die sogenannten *Brüder* oder *Wächter* (*Guardas*). Auf das Zeugnis der katalanischen Weltkarte von 1375 ist oben (S. 110) bereits aufmerksam gemacht.

Es wird zweckmäßig sein, an dieser Stelle das überkommene Verfahren der Zeitbestimmung während der Nacht an den in die etwas späteren nautischen Lehrbücher wieder aufgenommenen Regeln zu erläutern. Die Münchener Ausgabe des Regimento do estrolabio enthält sie nicht, wohl aber die Evora-Ausgabe, die Suma de geographia von Enciso, und sie tritt in noch etwas ausgeführterer Gestalt auch in Medina's Arte del navegar (1545 und 1554) auf. Ganz allgemein wird auch bei dem späteren Regimento do norte, das auf die genauere Stellung des Polarsterns abzielt, der Stundenkreis in 8 Teile zu je 45° oder 3 Stunden geteilt. Für die sie trennenden Himmelsrichtungen haben sich seit alten Zeiten eigene Namen gebildet, die die Lage anfänglich in noch recht umständlicher Weise bezeichnen, um erst mit der Zeit vereinfacht zu werden. Wir stellen sie mit den Synonymen zusammen:

Die vier Kardinalpunkte:

1. Obere Kulmination: *Cabeça*, d. h. Kopf.
2. Untere Kulmination: port. *Pee*, span. *Pie*, ital. *Piede*, d. h. Fuß.
3. Westliche Digression: *Braço d'oeste*, d. h. Westarm, span. *Braço izguerdo*, d. h. linker Arm, oder kurzweg *Braço* in den Figuren.
4. Östliche Digression: *Braço deleste* (Ostarm). *Braço derecho* (rechter Arm), ital. *Brazo manco* oder kurzweg *Braço* in der Figur.

Die vier Zwischenpunkte:

5. Nordwest: *Lynha acima* (oberhalb) *do braço daloeste*, *no-oest* (Evora); *acima da lynha*; linke Schulter; oder kurz *linea*.
6. Nordost: *Lynha acima do braço deleste*, *nordeste*; rechte Schulter; oder kurz *linea*.
7. Südwest: *Lynha abaixo* (unterhalb) *do braço daloeste*; *sudoeste*; *abaixo dal lynha*; oder kurz *linea*.
8. Südost: *Lynha abaixo do braço deleste*; *sueste*; *abaixo do lynha*; oder kurz *linea*.

Das Regimento zur Bestimmung der Stunden während der Nacht mittels der Wächter beschränkt sich durchweg darauf, den Stundenkreis für das ganze Jahr in Zeitabschnitte von je 1^h zu zerlegen und danach die jeweilige Lage der Wächter anzugeben. Dabei geht die Zählung von jedem der acht Hauptpunkte des Drehkreises aus und schreitet bis zum nächsten daher nur um 1^h bzw. 2^h vorwärts. Die Tafel beginnt stets mit der Lage der Wächter in der Mitte des Januar. Man kann sich den Sachverhalt leicht durch den Blick auf eine Karte des nördlichen Sternhimmels vergegenwärtigen, welche diesen, wie dies ja meistens der Fall ist, von unten betrachtet, also den Blick in das Himmelsgewölbe hinein darstellt. Verfolgt man in dieser den durch eine gerade Linie dargestellten Deklinationskreis, welcher für die Mitte des Juli die um Mitternacht in unterer Kulmination stehenden Sterne trifft, so stehen die Wächter, d. h. β und γ des Kleinen Bären, in der Tat annähernd in West-Digression, d. h. nach der damaligen Ausdrucksweise im „linken Arm". Je nach einem halben Monat rücken sie mit dem Deklinationskreis, mit dem sie ja fest verbunden bleiben, um $15°$ oder 1^h weiter im Sinne des Uhrzeigers. Sie befinden sich dann also 1^h oberhalb des „linken Armes" usf.

Die Anweisung des Regimento do estrolabio (Evora) lautet (Bensaude a. a. O. 154): „Wenn du die Position der Wächter um Mitternacht für jeden Monat kennst, so kannst du die Zahl der Stunden vor oder nach der Stellung um Mitternacht bestimmen und der Fehler, welchen du begehen wirst, wird sehr klein sein."

Tafel 9.

Monat	Stand des Wächters um Mitternacht	Monat	Stand des Wächters um Mitternacht
Mitte Januar	im linken Arm	Mitte Juli	im rechten Arm
Ende „	1^h oberhalb desselben	Ende „	1^h unterhalb des Armes
Mitte Februar	2^h „ „ „	Mitte August	2^h „ desselben
Ende „	in der linken Schulter	Ende „	in der Linie
Mitte März	1^h oberhalb der Linie	Mitte September	1^h unterhalb der Linie
Ende „	2^h „ „ „	Ende „	2^h „ derselben
Mitte April	im Kopfe	Mitte Oktober	im Fuße
Ende „	1^h unterhalb des Kopfes	Ende „	1^h oberhalb des Fußes
Mitte Mai	2^h „ „ „	Mitte November	2^h „ desselben
Ende „	in der rechten Schulter	Ende „	in der Linie
Mitte Juni	1^h unterhalb der Linie	Mitte Dezember	1^h oberhalb der Linie
Ende „	2^h „ derselben	Ende „	2^h „ derselben

Man sieht, daß zu diesen rohen Beobachtungen bzw. Schätzungen ein besonderes Instrument nicht erforderlich war.

Gehen wir nun zur eigentlichen Aufgabe des *Regimento do norte* über, d. h. die beobachtete Höhe des Polarsterns auf die Höhe des Himmelspols selbst zu übertragen. Obwohl das Regimento sich eingehend mit dieser Frage beschäftigt, löst es sie doch nicht allgemein für jeden beliebigen Stundenwinkel des Polarsterns bzw. der Wächter, sondern wie bei der hergebrachten Zeitbestimmung, die uns soeben beschäftigt hat, nur für die acht Hauptpunkte des Stundenkreises. Die für letztere an der Höhe des Polarsterns anzubringenden Korrektionen werden im Regiment nur einfach ziffernmäßig angeführt, das Verfahren ihrer Berechnung aber nicht erläutert. J. Bensaude teilt ein elementares Verfahren solcher Berechnung mit, welches er dem Züricher Astronomen A. Wolfer verdankt (a. a. O. S. 141—145). Dieser prüft die Korrektionen an der Hand einer durchgeführten Neuberechnung auf Grund der damaligen Sternpositionen. Als solche nimmt er für 1500 an:

1. Polarstern (α *Ursae minoris*) Rektaszension $\alpha = 3^h\ 46'$, Deklination $\delta = 86°\ 35'$, also Polabstand $p = 3°\ 25'$.
2. Mittelpunkt zwischen den beiden Wächtern β und γ *Ursae minoris* $\alpha = 227°\ 14'$, $\delta = 75°\ 1'$.

Es sind dies Zahlen, welche mir durch eine freundliche Nachrechnung von seiten meines Göttinger Kollegen Joh. Hartmann sehr nahe bestätigt werden. Auch hat der Kommandant F. Oom bereits 1911 den Polabstand des Polarsterns um 1500 auf $3°\ 25'$ festgestellt[33]. Hartmann erhält für den Polarstern genau die gleichen Werte wie Wolfer, für den Mittelpunkt zwischen den Wächtern jedoch $227°\ 0'$ und $74°\ 56'$. Diese geringen Differenzen üben für die Wolferschen Korrektionswerte in Tabelle 1 keinen irgendwie in Frage kommenden Einfluß, so daß wir uns einfach an die letzteren halten.

Zunächst noch eine Zwischenbemerkung. Durch die neue Bestimmung der Poldistanz des Polarsterns um 1500 zu $3°\ 25'$ wird zugleich die zeitgenössische Annahme dieses Bogens, nämlich $3^1/_2°$, bestätigt und damit der Wert von $4°\ 9'$, welchen Pedro Nunes 1537 glaubte an die Stelle des ihm falsch erscheinenden von $3^1/_2°$ setzen zu müssen[34], als irrig erwiesen. Dieser Punkt ist für die Breitenbestimmungen aus dem Anfang des 16. Jahrhunderts von Bedeutung. Denn eine Differenz von rund 40' ($4°\ 9' - 3°\ 30'$) im Polabstand des Polarsterns übersteigt im allgemeinen die Fehler damaliger Breitenbestimmungen (s. § 27). Indem übrigens Nunes die Annahme von $3^1/_2$ als Polabstand des Polarsternes auf den Kreis der Nautiker zurückführt, während er sich hinsichtlich der $4°\ 9'$ auf den Astronomen Johannes Werner stützt[35], sehen wir in diesem Punkte die nautischen Praktiker den binnenländischen Kosmographen in ähnlicher Weise vorauseilen, wie in der richtigen Erkenntnis der Größe der Erde (vgl. § 29: Der Erdgrad).

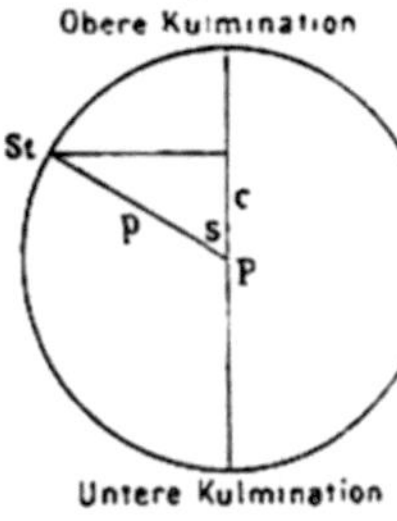

Für die Berechnung der Korrektion, welche jeweils erforderlich ist, um die Höhe des Polarsterns auf die wahre Polhöhe zu reduzieren, kann man sich bei den rohen Annäherungen, wie sie der damaligen Beobachtungskunst genügte, auf Auswertung ebener rechtwinkliger Dreiecke beschränken, deren Hypotenuse p die Poldistanz des Polarsterns und deren eine Kathete ihre Projektion auf den Meridian (c) ist. Der eingeschlossene Winkel s entspricht dem Stundenwinkel des Polarsterns. Alsdann ist die gesuchte Korrektion (Fig. 1)

$$c = p \cdot \cos s.$$

Fig. 1.
Obere Kulmination
Untere Kulmination

Dieser Stundenwinkel s ist gleich der Differenz zwischen der Beobachtungszeit und der Sternzeit der Rektaszension des Polarsterns. Die Beobachtung geht

---

[33] Annaes scient. da Academia Polytechn. do Porto. Coimbra Vol. IX. 1914 p. 115.
[34] „No regimento que tem os pilotos pera tomar a altura do polo pelha estrela: ha erro: porque diz que da estrela ao polo ha tres graados e meo ($3^1/_2°$) e sam quatro graos e nove ou dez minutos ($4°\ 9-10'$)". (Vgl. Faksimile-Ausgabe des Tratado da Esphera von 1537, München 1915, p. 110.)
[35] „Eam stellam tribus tantum gradibus cum m͞ 30 ab arctico polo distare nostrae aetatis nautae affirmant. Sed si uerus est stellarum fixarum motus Ioannis Verneri calculo repertus per tabulas Alphonsi quatuor gradus continet ea distantia cum min. fere 9. nostro tempore id est anno 1500. (P. Nonii Opera, Basileae 1566, p. 85).

aber nicht von letzterem aus, sondern von den mit ihm nach damaligen Anschauungen festverbundenen Wächtern. Sie überträgt sich auf den Polarstern durch die Differenz der Rektaszensionen des Mittelpunkts zwischen den Wächtern einerseits und des Polarsterns anderseits, also, wenn obige Wolfersche Werte zugrunde gelegt werden, durch den Winkel von

$$227°\ 14' - 3°\ 46' = 223°\ 28'.$$

Die nachfolgende Tabelle enthält die Korrektionen für die acht Hauptpositionen jenes Mittelpunkts zwischen β und γ *Ursae minoris* nicht nur nach den beiden Ausgaben des Regimento do estrolabio, sondern zugleich nach der 2. Ausgabe der Suma de geographia von Enciso (1530), welche auch Faleiro 1535 aufgenommen hat. Man sieht, daß in jenen Jahren auch an diesen Korrektionen weitergearbeitet ward. In vierter Spalte folgen die Ergebnisse der Berechnungen von Wolfer. Derselbe hat auch noch solche für den Fall beigefügt, daß man um 1500 nicht β und γ *Ursae minoris*, sondern α und β *Ursae majoris* als Wächter angesehen hätte. Es ergab sich, daß alsdann die Differenzen zwischen den überlieferten und jetzt neuberechneten Korrektionen so bedeutend würden, daß die letztere Annahme, man habe sich nach den Sternen des Großen Bären gerichtet, ausgeschlossen erscheint. Im Regimento beginnt die Aufzählung gemäß der Überlieferung bei der Westdigression der Wächter, schreitet aber links herum, d. h. im entgegengesetzten Sinne des Uhrzeigers, fort, so daß die vier ersten Korrektionen positiv, die vier letzten negativ sind. Die vier ersten gelten für die Position des Polarsterns oberhalb des Poles und sind daher von seiner Höhe abzuziehen, die letzteren für seine untere Stellung und müssen addiert werden.

Tafel 11.

Position der Wächter	Korrektion nach		Korrektion = $p \cdot \cos s$ nach Wolfer
	dem Regimento	Enciso (1530) Faleiro (1535)	
Braço d'oeste	$+1.5°$	$+2°$	$+2.3°$
Sudoeste	$+3.5°$	$+3°\ 20'$	$+3.4°$
Pee (Untere Kulmination) . .	$+3.0°$	$+2°\ 48'$	$+2.5°$
Sudeste	$+0.5°$	$+0°\ 36'$	$+0.1°$
Braço de leste	$-1.5°$	$-2°$	$-2.3°$
Nordeste	$-3.5°$	$-3°\ 20'$	$-3.4°$
Cabeça (Obere Kulmination) .	$-3.0°$	$-2°\ 48'$	$-2.5°$
Nordoeste	$-0.5°$	$-0°\ 36'$	$-0.1°$

Nach Bensaude (S. 142) finden sich dieselben Werte wie im Regimento in folgenden nautischen Werken des 16. Jahrhunderts: Im *Regimento von Evora*, im *Livro de Marinharia* (vor 1526), in den sämtlichen Ausgaben des *Repertorio dos Tempos* (1521 bis 1573), in der Originalausgabe von Enciso's Suma de geographia (1519), in *Medina's Arte de nauegar* (1545 und 1554) und in *Martin Cortez Breve Compendio* 1556. Nur die zweite Ausgabe von Enciso von 1530 und der *Tratado del Esphera* des *Francisco Faleiro* (1535) enthalten obige berichtigten Werte. Bensaude ist der Ansicht, daß sie einer unbekannten Quelle entstammen müßten, weil kaum anzunehmen sei, daß der gewissenhafte Faleiro sie ausschließlich auf die Autorität Enciso's hin übernommen habe (?).

Dem Regimento ist an gleicher Stelle eine Figur ohne weitere Erläuterung beigefügt, welche unzweifelhaft die jeweilige Höhe des Polarsterns in den acht fraglichen Positionen über dem Horizont von Lissabon angeben soll. Es zeigt sich, was J. Bensaude jedoch nicht erkannt hat, da er nur von „erreurs d'observations" spricht, daß hierbei das ältere Regimento die Breite von Lissabon schon zu $38\frac{1}{2}°$ annimmt. Subtrahiert man nämlich die positiven Korrektionen obiger Tabelle von $38\frac{1}{2}°$, oder addiert man die negativen Korrektionen zu eben diesen Breitenwerten, so folgen die Randzahlen der Figur 2, nur daß bei unterer und oberer Kulmination der Wächter ($35° + 3° = 38°$; $41° - 3° = 38°$) die abgerundeten Polhöhen in ganzen Graden herausspringen. Wolfer legte seiner Prüfung eine Breite von $38{,}7°$ für Lissabon unter. Wenn Bensaude daneben auch noch die entsprechenden Zahlen aus dem Repertorio des Val. Fernandez 1552 einsetzt, so ergibt sich zunächst, daß dieses genau diejenigen des Regimento von Evora sind, nur daß bei Fernandez statt des offenbaren Druckfehlers von 30° (Cabeça) zu lesen ist: 36°. Aber wichtiger ist, festzustellen, was Bensaude ganz übersehen hat, wie fehlerhaft die bezifferte Figur in der Evora-Ausgabe (Figur 3) überhaupt ist. Ich kenne dieselbe allerdings zur Zeit nur aus ihrer Wiedergabe in der Bensaude'schen Schrift: „L'astronomie nautique au Portugal" (p. 234), bei der kaum anzunehmen ist, daß die Fehler sich erst bei der Reproduktion eingeschlichen haben könnten. Es zeigt sich nämlich,

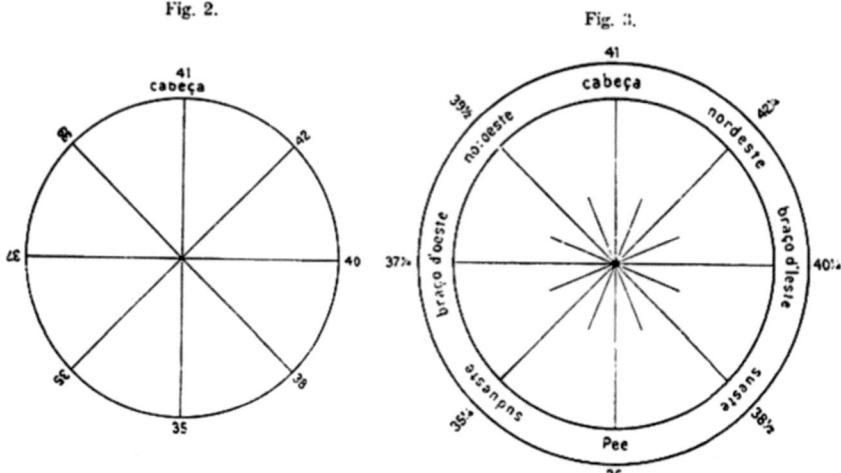

Fig. 2. Fig. 3.

daß nicht nur Kopf und Fuß, sondern auch Nordost und Südwest verwechselt worden sind, während die übrigen vier Punkte grundsätzlich mit den Zahlen der Figur in der Münchener Ausgabe (Figur 2) übereinstimmen. Den Beweis für die Notwendigkeit dieser Berichtigung ergibt sich dadurch, daß man nur auf diese Weise durch Addition bzw. Subtraktion der Korrektionen für die Höhe des Polarsterns zur richtigen Breitenlage von Lissabon gelangt, die hier freilich schon zu $38^3/_4°$, nicht mehr zu $38^1/_2°$ angenommen ist. Dabei stößt man dreimal auf den abgerundeten Wert von 39°, und — nicht folgerichtig — einmal auf 38°. Inwiefern diese Breitenlagen von $38^1/_2$ bzw. $39^1/_2°$ für Lissabon einen Anhalt für die Datierung des Regimento bieten, wird uns unten beschäftigen (§ 27). In der nachfolgenden Tabelle sind bereits die Vertauschungen der fehlerhaften Figur der Evora-Ausgabe ausgemerzt:

Tafel 10.

Position der Wächter	Höhe des Polarsterns über dem Horizont von Lissabon		
	Figur im Regimento		Berechnet von Wolfer
	München Br. $38^1/_2°$	Evora Br. $38^3/_4°$	Br. $38.7°$
	Grad	Grad	Grad
Braço d'oeste	$37 + 1^1/_2 = 38^1/_2$	$37^1/_4 + 1^1/_2 = 38^3/_4$	$36.4 + 2.3 = 38.7$
Sudoeste	$35 + 3^1/_2 = 38^1/_2$	$35^1/_4 + 3^1/_2 = 38^3/_4$	$35.2 + 3.4 = 38.7$
Pee (Untere Kulmination)	$35 + 3 = 38$	$36 + 3 = 39$	$36.2 + 2.5 = 38.7$
Sudeste	$38 - 1/_2 = 38$	$38^1/_2 + 1/_2 = 39$	$38.6 + 0.1 = 38.7$
Braço d'Ieste	$40 - 1^1/_2 = 38^1/_2$	$40^1/_4 - 1^1/_2 = 38^3/_4$	$41.0 - 2.3 = 38.7$
Nordeste	$42 - 3^1/_2 = 38^1/_2$	$42^1/_4 - 3^1/_2 = 38^3/_4$	$42.1 - 3.4 = 38.7$
Cabeça (Obere Kulmination)	$41 - 3 = 38$	$41 - 3 = 38$	$41.2 - 2.5 = 38.7$
Nordoeste	$39 - 1/_2 = 38^1/_2$	$39^1/_2 - 1/_2 = 39$	$38.8 - 0.1 = 38.7$

Im allgemeinen haben die späteren nautischen Leitfäden diese ausschließlich für Lissabon geltenden figurativen Darstellungen der Höhe des Polarsterns in den acht Positionen seines Stundenkreises nicht mehr aufgenommen. Wenn dies wirklich im Repertorio dos Tempos des Val. Fernandez vom Jahre 1552 geschehen sein sollte, und zwar ganz in der fehlerhaften Form des Evora-Regimento, wie Bensaude S. 145 angibt, so spricht dies nicht für astronomische Einsicht des damaligen Herausgebers.

Mit einem *Regimento da altura del polo Antarctico* haben wir uns im Rahmen unserer Betrachtungen nicht weiter zu beschäftigen. Zwar taucht die Frage nach der Existenz eines Südpolarsterns schon früh auf. Schon Cadomosto sucht ihn 1455. Mestre João, der Begleiter Cabrals 1500, beschreibt ihn im Sternbild des südlichen Kreuzes. Aber weder die beiden oben analysierten Regimento-Schriften, noch Enciso, Faleiro, Martin Cortez beschäftigen sich mit ihm. Nur Medina widmet ihm 1545 in seiner *Arte de nauegar* ein Kapitel: *Como se ha de tomar el altura del Polo antartico* Libro V. cap. XI (vgl. Bensaude, L'astronomie nautique, 145 bis 147).

26. Die älteren Instrumente der astronomischen Nautik. Bevor wir uns den Breitentabellen des Regimento do estrolabio zuwenden (§ 27), berühren wir mit einigen Worten die Beobachtungsinstrumente der Gestirne, deren sich die portugiesischen Seeleute im 15. Jahrhundert bedienten. Freilich meist nur Bekanntes wiederholend; denn tatsächlich wissen wir darüber wenig und die neueren Forschungen haben unsere auf gelegentliche und unsichere Andeutungen angewiesenen Kenntnisse kaum in irgendeinem Punkt erweitert. Fest steht dagegen heute, daß es sich nur um zwei Werkzeuge, den Quadranten und das Astrolabium handelt. Denn, wie noch zu erörtern sein wird, scheidet der Jacobstab oder Gradstock für die ältere Zeit aus.

Inwieweit man bereits zu Heinrich des Seefahrers Zeit († 1460) zur Bestimmung der Polhöhe eines Punktes aus der Beobachtung des Polarsterns eines der erstgenannten Instrumente wirklich anwandte, entzieht sich noch immer der sicheren Kenntnis. Es ist von späteren Autoren bis in die Neuzeit allerdings öfter behauptet worden. Auch Bensaude (a. a. O. S. 50) bleibt bei einfacher Behauptungen stehen. „On sait que les Portugais dès 1419 et 1420 se sont franchement lancés à travers l'Océan pour découvrir Madère et les Azores. A ce moment (sic) ils reconnurent toute la portée des guides astronomiques en mer car on ne navigait plus le long de la côte; pour se diriger ils avaient l'étoile polaire et la boussole." Die Beobachtung der Polhöhe in dieser Zeit wird damit nicht bewiesen. Ebensowenig kann hierbei der Umstand in Betracht kommen, daß König Duarte in seinem Werke „Leal Conselheiro", das zwischen 1428 und 1438 geschrieben sein soll (Bensaude p. 46), zwei Kapitel der Zeitberechnung nach dem Polarstern widmete.

Schwerlich wird man ferner aus der Erzählung Cadamostos v. J. 1456 schließen dürfen, daß bei diesem bereits von einem bewußtvollen „Fahren nach dem Polarstern", wie es einzelne aus der Stelle gefolgert haben[56], die Rede sein kann. Im 39. Kapitel der Ruchamerschen Übersetzung des italienischen Reiseberichts[57]), betitelt „*Von dem steren Tramontana und seinem Auffgang an dysem Ende*" heißt es: „In den Tagen als wir waren an dem orte dyses flusses (gemeint ist der Senegal 13° N-Br., wo Cadamosto umkehrte) sahen wir nicht meer denn ein male den stern Tramontana / und was vast nider auff dem mere / also wurden wir eins wolten inen nemen das Wetter klar were do erschyne er auff dem mere bey einem dryttey eyl einer lantzen"[58]). In dem langen Bericht über die Fahrt wird sonst nur die Länge des Wegs in Miglien von Insel zu Insel oder Küstenpunkten gesprochen.

---

[56]) Joh. Baguette. Die Bedeutung des Astrolabiums für die Seefahrt und seine Verwendung bis zur Einführung des Spiegelsextanten. Diss. Bonn 1909, 22.

[57]) „Unbekanthe landte vnd ein newe weldte in kurtz vergangner Zeythe erfunden" durch Jobsten Ruchamer. Nureinbergck 1508.

[58]) In Arch. Madriganus, Itinerarium Portugalensium e Lusitania in Indiam etc. Mediolani 1508, Cap. 39, heißt es gleichfalls „ab aquisque tramontana non plus videbatur abesse quam lanceæ tertia parte". Aber bei Ramusio, Delle navigationi e viaggi, Venetiis 1613, p. 107, steht: ..e tramontana ne pareua sopra il mare l'altezza di una lancia". Der niedrige Stand des Polarsterns über dem Horizont in jener Breite spricht für „das Drittel der Lanze".

Dagegen bringt Diego Gomez von Cintra (1462) seine eigenen Beobachtungen mittels des Quadranten in unmittelbare Beziehungen zur „altitudo poli arctici". Die Stelle aus seinem Bericht über die Entdeckung von Guinea an Martin Behaim von Nürnberg ist oben (S. 112) wiedergegeben [59]).

Man darf hieraus, wie überhaupt aus der Breitenbestimmung aus Polarsternhöhen in der ersten Zeit gegenüber derjenigen aus Sonnenhöhen, schließen, daß der Gebrauch des Quadranten von seiten der portugiesischen Nautiker auch dem des Astrolabiums vorausgegangen ist. Der Satz, mit dem E. Gelcich 1892 die Beschreibung der nautischen Instrumente im Zeitalter der großen Länder-Entdeckungen beginnt: „Das älteste in der Schiffahrt gebrauchte astronomische Instrument war das Astrolabium" — Beweise irgendwelcher Art hat er dafür nicht angegeben — besteht m. E. also nicht zu Recht. Es mag übrigens sogleich darauf aufmerksam gemacht werden, daß die Mehrzahl der neuen Schriftsteller über die anfängliche Entwicklung der nautischen Instrumente deren Schilderung und Abbildung nicht wirklich zeitgenössischen Quellen, sondern weit späteren Werken, ja solchen aus dem Ende des 16. oder des 17. Jahrhunderts, entnimmt und die Frage der ältesten Formen und ihrer Anwendung im 15. Jahrhundert kaum berührt. Ich erinnere an A. Breusing (1890) und den ihn ausschreibenden E. Gelcich 1892. Aber auch bei E. Ravenstein (Martin Behaim 1908) ist es nicht anders. Noch auffallender ist das Durcheinanderwerfen der Gebrauchszeiten der einzelnen Instrumente in Joh. Baguette's wenig kritischer Kompilation: „Die Bedeutung des Astrolabiums für die Seeschiffahrt 1909". (Vgl. Anm. 56.)

1. **Der Quadrant.** Quadrant und Astrolabium waren unter den Astronomen seit Jahrhunderten bekannt, bevor man sie zur See anwandte. Es fragt sich, welche Vereinfachungen sie zu letzterem Zweck erfuhren. Darüber hat man bis jetzt nur Vermutungen. Daß unter beiden der Quadrant das handlichere war, scheint sicher. Zum wenigsten in der Form, welche die neueren Forscher, wie Breusing u. a. ihm unterlegen. Aus einem rechtwinkligen Kreisausschnitt — anfangs nur aus Holz — bestehend, auf dessen Bogenstück die Gradeinteilung befindlich war, gehört er den vor das Auge zu haltenden Visierinstrumenten an. Der eine Schenkel hatte an seiner Außenseite zwei Absehen, mittels deren man nach einem Gestirn visieren konnte. Ein am Ende beschwerter, im Scheitel des rechten Winkels befestigter Faden, der über den Limbus glitt (bei senkrechter Stellung des Instruments, ohne zu schleifen), gab unmittelbar den Höhenwinkel des Gestirns an. Die wichtige Frage der Handhabung des Instruments während der Beobachtung wird von den neueren Autoren selten berührt, wie denn die Bitte E. Hammers[60]) bisher leider kaum Beachtung gefunden hat. Er wünscht, daß diejenigen, denen gebrauchsfähige Exemplare der alten Instrumente zu Gebote stehen, sich zu einer genügenden Zahl wirklicher Messungen mit denselben entschließen möchten, damit man über die ihnen innewohnende Messungsgenauigkeit unterrichtet werde.

Beim Seequadranten kann nur angenommen werden, daß er an einem im Scheitel angebrachten Ring mit ausgestrecktem Arm vom Beobachter hochgehalten wurde, damit dieser durch das untere Absehen blicken konnte[61]). Das bedingt nicht zu große Dimensionen des Apparates. Bestimmte Größenangaben der älteren Quadranten sind mir nicht begegnet. Ein im Hamburgischen Museum für Kunst und Gewerbe aufbewahrter Quadrant von Arnold de Arnoldi, dem Verfasser der großen Weltkarte in quadratischer Plattkartenprojektion v. J. 1600, hat nach gütiger Auskunft der Direktion des Museums einen Halbmesser von 35.5 cm, wovon jedoch 2.2 cm auf den äußeren Ornamentenstreifen kommen. Er ist von Messing

---

[59]) Vgl. Schmeller, Über Valentin Fernandez Alemã und seine Sammlung von Nachrichten über die Entdeckung der Portugiesen bis 1508. Abh. d. I. Cl. d. k. Akad. d. Wiss. München, IV. Bd., III. Abt. a. 1845, 33. Wenn Ravenstein (Martin Behaim 1908, 17) die Fahrt von Gomez auf das Jahr 1456 verlegt, also vier Jahre vor Heinrichs Tod, so hat er übersehen, daß Gomez deutlich vom Todesjahr 1460 spricht und dann erzählt: „Post duos annos dominus rex Alfonsus annavit quandam caravelam magnam, in qua me misit pro capitaneo etc.".

[60]) Petermm. Mitteil. 1897. Lit. Ber. Nr. 20.

[61]) In der Abbildung des Quadranten in Reisch Margarita philosophica, Freiburg 1503, auf welche Breusing (Naut. Instrumente. 36) verweist, wird der Quadrant allerdings von der Figur des Ptolemaeus am Limbus mit der Hand erfaßt und hochgehoben.

und hat schon eine Zwölfteilung des Einzelgrades am Limbus. Er gehört also einer schon weit vorgeschrittenen Zeit an. Der Beobachter mußte nach Einstellung des Instruments das Senkel am Gradrand mit der Hand festhalten, um alsdann den Höhenwinkel abzulesen, falls nicht zwei Beobachter sich in die Aufgabe teilten.

Kolumbus spricht mehrfach von der Benutzung des Quadranten, ohne daß man eine seiner unmittelbaren Beobachtungen — falls sie überhaupt an Ort und Stelle ausgeführt waren und nicht nur vorgeschützt sind, wie man nach den außerordentlich falschen Ergebnissen vermutet hat, — nachprüfen könnte. Als ein zeitgenössisches Urteil über die zu erzielende Genauigkeit einer Höhenmessung mittels des Quadranten wird man die Worte des Mestre João, des Schiffsarztes und Piloten der Expedition Cabrals v. J. 1500, ansehen können. In seinem Briefe[62] an König Manuel vom 1. Mai 1500 heißt es[63]): „Es erscheint mir unmöglich, auf dem Meere die Höhe irgendeines Sternes zu bestimmen, da ich mich in dieser Sache viel bemüht habe, denn wenn ein Schiff nur wenig schwankt, irrt man sich um 4 oder 5 Grade, so daß sich eine Höhenmessung nur auf dem Lande ausführen läßt." Daher schließt er seinen Brief mit dem Rate: „Es ist auf dem Meere besser, sich nach der Höhe der Sonne zu richten als nach der irgendeines Sterns, und es ist besser, mit dem Astrolabium als mit dem Quadranten oder irgendeinem anderen Instrument (zu messen)."

2. Das Astrolabium. Die erste Benutzung des Astrolabiums zur See wird neuerdings auf Diogo d'Azambuja (1481) zurückgeführt. So geschieht es auch von J. Bensaude mit Betonung des Umstandes, daß dies also vor Ankunft Behaims in Lissabon geschehen sei. Er führt dabei als Quelle E. Ravensteins Schrift über Martin Behaim (1908 p. 16) an. Dieser wiederum stützt sich für seine Angabe[64]) „that the astrolabe was made use of for the first time by Diogo d'Azambuja" auf das Werk „*De rebus gestis Joanni II. auctore Emmanuele Tellesio Sylvio Marchione Alegretensi*" (Manuel Telles de Silva, Marquez de Alegrete). Aber dies Werk stammt erst aus 1689. Allerdings bringt dieser Historiker die Umgestaltung des Astrolabiums zu einem nautischen Instrument mit der Expedition Azambujas, „pridie Idus Decembris anni 1481 Ulyssipone solvens", in einen gewissen Zusammenhang, und zwar indem er zugleich die „Astrolabii inventio", d. h. eben diese Umgestaltung auf die Junta dos mathematicos zurückführt. Unter deren Mitgliedern nennt er auch Martinus Bohemus. Es verlohnt sich daher, Telles eigene Worte anzuführen (a. a. O. S. 156). Johann II. erhielt den Rat, Guinea zu besetzen, der ihm gefiel: „Igitur classem tantae rei idoneam aedificare jubet. eique Jacobum (sic) Azambujum virum militia et prudentia clarum praeficit: atque ut minore cum errandi periculo ignotum mare navigari posset, Roderico ac Josepho medicis suis, nec non Martino Bohemo, eâ aetate peritissimis Mathematicis, injunxit, ut adhibito inter se consilio, excogitarent aliquid, quo nautae cursum navium, licet in vasto novoque pelago, tutius dirigerent, ut vel abstracti a notis sideribus, cognitisque littoribus, quam Caeli ac pelagi partem tenerent. aliquo modo cognoscerent: ii post in defessum studium, longamque meditationem astrolabium, instrumentum quod ante Astronomiae tantum inserviebat, utiliori invento ad navigandi artem maximo navigantium commodo transtulere: quod beneficium tota Europa Joanni debere non inficiari potest."

Dann folgt die Ausfahrt Azambujas und der Verlauf der Expedition, ohne daß des Astrolabiums oder einer Beobachtung mit demselben irgendwie weiter gedacht wird. Hiernach kann Telles de Silva als authentische Quelle für die Annahme, Azambuja habe das Astrolabium zur See zuerst zur Anwendung gebracht, nicht wohl herangezogen werden. Woher sollte auch der 200 Jahre nach dem Ereignis schreibende Verfasser so viel besser, als wir heute, über dasselbe unterrichtet ge-

---

[62]) Der gesamte in spanischer Sprache abgefaßte Brief Joãos ist abgedruckt in Bensaudes L'astronomie naut. 1912, 252 ff.

[63]) „Antes me parece ser imposible en la mar tomarse altura de ninguna estrella porque yo trabaje mucho en eso e por poco que el navio enbalançe se yerran quatro, o cinco grados, de guisa que se non puede fazer synon en terra."

[64]) Dasselbe hatte Ravenstein schon 1900 (Martin de Bohemia, Bibliotheca da Rev. Portug. Col. e Marit., p. 15) behauptet: Diz-nos Manuel da Silva que o astrolabio serviu a primeira vez para a viagem de Diogo d'Azambuja (1481).

wesen sein? Er kombinierte, wie wir es noch heute tun, und läßt die Junta mit Martin Behaim als Mitglied schon 1481 wirksam sein, was gegen unsere heutigen (insbesondere auch gegen Bensaudes) Anschauungen spricht, die den Beginn ihrer Arbeiten auf das Jahr 1484 verlegen (s. o. S. 113).

Die Benutzung des Astrolabiums durch Bartholomeu Diaz wird durch eine Notiz des Kolumbus[65]) bezeugt. Rücksichtlich der langen und sorgfältig vorbereiteten Expedition Vasco da Gamas 1497/98, die ihn zur Entdeckung des Seeweges nach Ostindien führte, muß auf Barros und Correas Darstellung verwiesen werden. Daß Vasco da Gama von Zacut noch Belehrung und speziell in der Handhabung des Astrolabs erhalten hat, ist nicht unwahrscheinlich, mehr dagegen die Behauptung Correas[66]), daß Zacut 1502 die Herstellung von solchen Instrumenten aus Messing empfohlen habe, da er damals wohl sicher schon Portugal verlassen hatte. Barros[67]) berichtet nun, daß Vasco im Dezember 1497 sechs Monate nach seiner Abreise von Lissabon in der St. Helena-Bucht vor Anker gegangen sei, um eine Sonnenhöhe zu nehmen, denn da die Seeleute dieses Reiches bei diesem Gewerbe der Schiffahrt sich des Astrolabiums erst seit kurzer Zeit bedienten und die Schiffe klein waren, so traute er sich nicht wegen ihres Schwankens die Messung an Bord auszuführen, besonders mit einem Astrolabium von Holz von 3 Palmo (= 66 cm)[68]) Durchmesser, das man nach Art eines Krans[69]) auf drei Pfähle aufhing, um die Sonnenlinie besser bestimmen und die wahre Höhe der betreffenden Orte richtiger und genauer feststellen zu können, obwohl sie auch kleinere von Messing hatten."

Der Ursprung des zur See benutzten Astrolabiums gegenüber dem komplizierteren, sei es aus einem System von Kugelkreisen (Armillarsphaere), sei es aus einem solchen von flachen Kreisscheiben bestehenden, wie sie die Astronomen benutzten, ist bis heute noch nicht aufgeklärt worden. Daß die Verbesserung, welche die Junta demselben angedeihen ließ, wie auch Baguette (a. a. O. S. 25) annimmt, allein in dem Ersatz einer Aufhängevorrichtung gegenüber der bisherigen festen Aufstellung auf einem Fuß bestanden haben sollte, leuchtet wenig ein, da auch unter den alten Instrumenten sich solche hängenden Astrolabien befanden. Vielleicht handelt es sich nur um die Vereinfachung des Apparates und die Beschränkung auf einen mit Gradeinteilung versehenen Ring, der, von vier Speichen gehalten, in seinem Mittelpunkt eine mit zwei Dioptern versehene Alhidade trägt. Es diente anfangs wohl ausschließlich zur Messung der Sonnenhöhe um Mittag, und zwar in der Weise, daß man durch die beiden Diopter einen Sonnenstrahl auffing. Wenn die Kreisteilung mit der Horizontallinie begann, konnte der Höhenwinkel direkt abgelesen werden. Seltener scheint das Astrolabium zur See als Visierinstrument gedient zu haben.

Bei der geringen Größe der handlichen Apparate kann die Teilung des Limbus nicht sehr weit gegangen sein. Selbst die hölzernen Astrolabien, von denen Barros spricht, boten bei 66 cm Durchmesser (siehe oben) für 1 cm Gradrand kaum 6 Millimeter Spielraum. Auf schwankendem Schiff war die Handhabung immer schwierig und Fehler von ganzen Graden kaum verwunderlich.

Der Seering ohne Speichen, bei dem der Sonnenstrahl durch einen Schlitz im Kreisbogen auf seinen inneren mit Kreiseinteilung versehenen Rand fiel, und den Breusing zwischen Astrolabium und Quadranten einordnet, gehört erst

---

[65]) Raccolta Columbiana, Parte I, Vol. III, Autografi di Colombo, Serie C, Nr. 23. Vgl. auch Bensaude a. a. O. 168.

[66]) A. Schück, Der Jakobstab, 1895, 130.

[67]) Da Asia, Liss. 1552, Livro IV, Cap. II, p. 289.

[68]) Der portugiesische Palmo (Palmo de Craveiro) von 8 Zoll (Polegadas) war 22 cm lang, der spanische Palmo mayor von 9 Pulgadas (Zoll) dagegen 20,9 cm (vgl. Noback, Münz-, Maß- und Gewichtsbuch, Leipzig 1858, unter Lissabon und Madrid). Diese Maße galten wohl schon um 1500 (?) Bensaude nimmt ca. 20 cm an. Indem Baguette (Anm. 56, a. a. O. S. 29) diesen südländischen Palmo mit dem binnenländischen Palmus (= 4 Digiti = ⅓ Fuß) verwechselt, behauptet er, daß Martin Cortez (1556) die kleinen Astrolabien von 1 Palmo („Handbreit") Durchmesser vorgezogen habe, ohne zu bedenken, daß von solchen minimalen Instrumenten in damaliger Zeit wohl nicht die Rede sein kann. Cortez spricht vielmehr von Astrolabien mit 21 cm Durchmesser.

[69]) Baguette übersetzt Cabrea, Kran, mit Sägebock (!), E. Feust in seiner wortgetreuen Übertragung der I. Dek. des Barros (Nürnberg 1844) Dreifuß.

der zweiten Hälfte des 16. Jahrhunderts an und kann uns daher hier nicht weiter beschäftigen.

3. **Der Jakobstab.** Der Urheber für die Legende, daß der Jakobstab bereits im 15. Jahrhundert in der portugiesischen Nautik allgemein in Gebrauch gewesen sei, ist bekanntlich Arthur Breusing gewesen. Im zweiten Teile seines gehaltvollen Aufsatzes von 1869 „Zur Geschichte der Geographie"[70]) knüpft er an die Stelle bei Barros an, in welcher er über die Mitteilungen des maurischen Lotsen an Vasco da Gama berichtet, der die Fahrt von Melinde nach Calicut mitmachte. Sie sprechen von den Beobachtungsinstrumenten, deren sich die arabischen Seeleute bedienen, indem sie sich bei ihrer Schiffahrt nach Sternen in Nord und Süd und solchen großen Sternen, welche von Ost nach West über den Himmel ziehen, richten. Dazu diene ihnen ein Instrument aus drei Platten bestehend. Barros fährt dann fort: „Und weil ich in meiner (bekanntlich verloren gegangenen) Geographie in dem Kapitel der nautischen Instrumente von der Gestalt und dem Gebrauch derselben handle, so genüge es hier, zu wissen, daß sie ihnen (d. h. den Mauren) zu derselben Beobachtung dienen, zu welcher man bei uns ein Instrument braucht, das die Seeleute „balestilha" nennen." Balestilha ist bekanntlich der portugiesische Name für den Jakobstab oder den Gradstock.

Breusing wendet sich dann gegen die Anschauung Peschels, daß der Gradstock den Portugiesen durch Vasco da Gama aus dem Indischen Ozean zugekommen sei, während das Instrument seit einem Menschenalter in Europa schon benutzt worden sei. Denn Regiomontan sei der Erfinder desselben, wie aus seiner Schrift: *De cometae magnetudine longitudineque* (gedruckt zuerst 1531) hervorgeht. Gleichzeitig aber findet Breusing schon damals die Lösung „der Behaimfrage" (a. a. O. S. 101). Sie gipfelte in den Worten: „Es unterliegt für mich keinem Zweifel, daß Martin Behaim das Instrument Regiomontans in die portugiesische Marine einführte" (a. a. O. S. 104). Und als Beweis dafür gilt ihm weiter die Erfahrung Vasco da Gamas in der St. Helena-Bai im Dezember 1497. „Hier fand er, was er finden mußte, daß die Beobachtungen, welche er in See mit dem großen Astrolabium gemacht hatte, ebenso, wenn nicht noch ungenauer waren als die mit dem kleinen. War Behaims Vorschlag zur Einführung des Gradstocks vorher nicht durchgedrungen, nach diesen Erfahrungen Vasco da Gamas mußte man sich entschließen, Versuche damit anzustellen."

Bei diesen mit solcher Zuversicht ausgesprochenen Vermutungen muß man sich am meisten wundern, daß Breusing als Nautiker nicht an dem Umstand Anstoß nahm, den er selbst mehrfach an gleicher Stelle hervorhebt. Daß nämlich der Gradstock in Spanien noch um das Jahr 1550 unbekannt gewesen sei, da selbst Medina (1545) ihn noch nicht kenne. Daß Breusing in letzterem Punkte im Unrecht war, hat A. Schück[71]) bereits 1896 nachgewiesen. Denn tatsächlich spricht Medina in seiner *Arte de nauegar* Livro V, Cap. II von der *Ballestilla*. Aber abgesehen davon, wie wäre es denkbar gewesen bei dem fortgesetzten Austausch der Nautiker, besonders der Piloten zwischen Portugal und Spanien in den ersten Jahrzehnten des 16. Jahrhunderts — man erinnere sich, daß Amerigo Vespucci, der an Cabrals zweiter Fahrt teilnahm und 1501 bis 1504 sich in Portugal aufhielt, im Jahre 1508 spanischer Piloto major in Sevilla ward —, ich sage, wie wäre es denkbar gewesen, daß ein so wichtiges Beobachtungsinstrument der Portugiesen bis in Medinas Zeit bei den Spaniern hätte verborgen bleiben können?

Es ist bekannt, wie zwanzig Jahre später der weit ältere Ursprung des Jakobstabes, und zwar als eine Erfindung oder jedenfalls erste nähere Beschreibung durch den katalanischen Juden Levi ben Gerson, nachgewiesen ward. In einer Schrift desselben, die Steinschneider 1889 ans Licht zog, wird deutlich „*de structura Bacculi Jacob ejusque divisione*" gesprochen. Und Petz fand gleichzeitig, daß Regiomontan die Schrift Levis gekannt habe. Auch nach diesen Funden hat Breusing sich noch an einen Gegensatz zwischen einem *Baculus astronomicus* und *Baculus geometricus* geklammert, der sich in der Folge jedoch auch nicht hat aufrecht erhalten lassen.

---

[70]) Regiomontanus, M. Behaim und Jakobstab (Ztschr. d. Ges. f. Erdkunde, Berlin 1869, Bd. IV, S. 97 ff.).

[71]) Der Jakobstab 1896 127

Während Siegm. Günther sich ernstlich bemühte, diese neuen Errungenschaften über die ältere Herkunft des wichtigen Instrumentes bekannt zu machen, hielt er doch noch 1890 daran fest[72]), daß die „portugiesische Bearbeitung des Sacrobosco die Wahrscheinlichkeit dafür bestärke, daß in der Tat Martin Behaim die Seeleute Portugals in der Handhabung des Jakobstabes unterrichtet habe, mit welcher ihn früher Regiomontan bekanntgemacht habe, der selbst wieder sein Wissen aus Levi ben Gerson schöpfte."

Zu Anfang der neunziger Jahre tritt der Umschwung ein, den Breusing (†1892) allerdings nicht mehr erlebte. Es mehrten sich die Stimmen, welche auf den Umstand hinwiesen, daß der Jakobstab in keiner der nautischen Schriften des 15. Jahrhunderts erwähnt sei. Das hob besonders Geleich 1892 deutlich hervor, und alle späteren Forscher, bis in neuester Zeit Bensaude, haben diese Tatsache bestätigt. Es kommt dabei hauptsächlich die Fahrt Vasco da Gamas in Betracht, über deren Vorbereitung und Ausrüstung mehrfache Berichte vorliegen. Dort wird stets nur von Astrolabium und Quadrant gesprochen, der Jakobstab nicht erwähnt. So konnte Günther 1900 seinen Satz von 1890 fast auf den Kopf stellen und schrieb nun[73]): „Lange Zeit glaubte man allgemein, die Portugiesen hätten von Behaim den Jakobstab (Baculus astronomicus) kennen gelernt, der nachmals in der Geschichte der Entdeckungen eine so große Rolle spielt. Allein dagegen spricht, daß nirgendwo auch nur die leiseste Andeutung von einer so einschneidenden Verbesserung der Beobachtungskunst zu finden ist, wie denn noch Jahrzehnte vergehen, ehe nautische Lehrbücher des Jakobstabes Erwähnung tun." Wir erinnern daran, daß uns seitdem die Ausgaben des Regimento do estrolabio erst bekannt geworden sind, in denen gleichfalls nicht mit einem Wort vom Jakobstab die Rede ist. Das gleiche gilt von der Suma de geographia Enciso 1519 und der Arte del marear von Francisco Falerio 1535.

Dagegen nennt Pedro Nunes bereits in seiner Erstlingsschrift, dem Tratado em defensam da carta de marear (1537)[74]) die balhestilhas neben den übrigen nautischen Instrumenten. Und in der Schrift *De arte atque ratione navigandi libri duo*[75]), welche 1546 erschienen sein soll, wird vom Jakobstab in einer Form gesprochen, die beweist, daß er damals schon allgemeiner im Gebrauch war. Nunes redet im Kap. 6: De Instrumentis quibus astrorum altitudines et distantiae capiuntur" zuerst vom Astrolabium (Utuntur nautae pendulis Astrolabijs quia non possunt in mari quietum stabilemúe habere horizontem) und vom Quadranten (Vulgatum instrumentum quadrantis quo nautae utuntur aptissimum est ad altitudines Solis et aliquorum astrorum capiendas)." Dann heißt es weiter: „Astronomico radio utuntur nautae ad cognoscendum quanta sit altitudo stellae polaris supra horizontem. Sed difficile admodum est certam altitudinem ita inuenire. Aptissimum tamen instrumentum est ipse radius ad inueniendum distanciam inter duo astra, quarum intercapedo quadrante maximi circuli minor fuerit."

Scheint somit festzustehen, daß der Jakobstab sich in der Nautik der Portugiesen und Spanier erst im 3. oder 4. Jahrzehnt des 16. Jahrhunderts wirklich einbürgerte, so ist man über die Zeit der ersten Einführung noch immer nicht im klaren. Die eine Hypothese, die A. Schück[76]) 1896 wiederum vertritt, ist älteren Ursprungs.[77]) Er weist auf Zacuto hin. Nach Correa habe d. Vasco da Gama und seine Schiffsführer im Gebrauch des Astrolabiums unterrichtet. Im Indischen Meere habe ihm der maurische Lotse ein Instrument zur Bestimmung der Gestirns-

---

[72]) Bibl. math. ed. Enström 1890, 80.
[73]) Das Zeitalter der Entdeckungen (Aus Natur und Geisteswelt 26, Leipzig 1901, 35.
[74]) Tratado de Esphera, Faksimile-Ausgabe, München 1915, 126.
[75]) P. Nonii Salaciensis Opera, Basileae 1566, 70—74. In den meisten Schriften, welche die Arbeit „De arte navigandi" von Pedro Nunes erwähnen oder ausziehen, wird dieselbe auf das Jahr 1546 datiert. Aber es ist den gründlichen Forschungen von R. Guimarães bis heute noch nicht gelungen, irgendein Exemplar der Schrift aus diesem Jahre wieder aufzufinden, während ihr Druck vom Jahre 1573 verbreiteter ist und wohl allein von neuen Schriftstellern benutzt ist. Ich verweise in diesem Punkt auf meine Darlegungen in meiner Studie über G. Mercator und die ersten Loxodromen auf Karten. Ann. d. Hydr. usw. 1915, Bd. 43, S. 300.
[76]) Der Jakobstab 1896, 130 ff.
[77]) Vgl. O. Peschel, Gesch. d. Erdkunde 1865, 350. Seine Bemerkung „Da unseres Wissens der indische Ursprung des Kreuzstabes hier zum ersten Male nachgewiesen wird" hat S. Ruge in der 2. Aufl. 1877, 389, mit Recht gestrichen.

höhen gezeigt. Schück hält diese „gewisse Quadranten von Holz" für das sogenannte *Kamál* der Mauren. Der Israelit Gaspar da Gama und zwei Schiffsführer von Melinde begleiteten Vasco auf der Heimreise. Zacut wird dadurch die Kamál kennen gelernt haben. Dabei habe ihm nicht entgehen können, daß der Grundzug derselben der gleiche war, wie der von Levi ben Gersons und Regiomontans Instrument, nur diente das Kamál bestimmten Fällen und war höchst ungenau. Zacut soll nach Correa nicht bei der bloßen Belehrung stehen geblieben sein, sondern auch Tafeln der Sonnenbahn mit solchen für den Umlauf des Nordsterns vereint haben, wofür er eine andere Vorrichtung anbrachte, und zwar so gut, daß man den Punkt messen konnte, in welchem sich der Nordstern befand. Daraus schließt Schück, daß dies neue Instrument Zacuts der Jakobstab gewesen sein könne, der aber zunächst als *Tablas da India* aufgetreten sei. Diese ziemlich künstliche Interpretation, die Schück vielleicht nicht gemacht hätte, wenn ihm damals schon die Anweisungen des Regimento do estrolabio e do quadrante bekannt gewesen wären, scheitert m. E. daran, daß in den nächsten Jahrzehnten in Portugal vom Jakobstab niemals gesprochen wird. Ist ferner das Jahr 1497 für die Flucht Zacuts aus Portugal maßgebend, so spricht auch das gegen die Hypothese Schücks. Denn dann erlebte Zacut Vascos Rückkehr aus Indien nicht mehr in Lissabon.

Eine zweite Vermutung, daß das Instrument, das in seinen Grundzügen auf der Iberischen Halbinsel seit Levi ben Gersons Zeiten bekannt gewesen sei, nicht erst auf dem Umweg über Deutschland (Regiomontan) dorthin zurückgekehrt sein könne — Bensaude weist von neuem hierauf hin — bringt uns nicht weiter. Denn bislang liegt kein greifbarer Anhaltspunkt vor, der uns beweist, daß und wann auf diesem Wege der Jakobstab in die dortige Nautik eingeführt sein soll.

Dasselbe gilt allerdings nach Aufgabe der Behaimschen Vermittlung für eine dritte Ansicht, daß nämlich die Schrift Joh. Werners v. J. 1514, in welcher er sich nach Regiomontan zuerst wieder dem *Radius astronomicus*, wie er ihn nennt, zuwendet, um ihn an Stelle der gleichmäßigen Einteilung des Gradstocks eine solche in Graden des gemessenen Winkels zu geben, den Anlaß zu seiner Einführung abgegeben habe. In dieser Hinsicht ist bemerkenswert, daß Pedro Nunes 1546 bei seiner Beschreibung des dritten der seemännischen Instrumente seiner Zeit (s. vor. S.) zwar auf Regiomontans Originalschrift und seine Einteilung des Stabes aufmerksam macht, nicht aber auf die Wernersche. In unmittelbarer Fortsetzung seiner oben angeführten Worte heißt es: „Ejus (sc. astronomici radii) fabricam tradidit Joannes de Monteregio in libro de Cometa. Diuidenda est fustis longitudo in quotlibet aequas partes."

Die interessante weitere Entwicklung des Jakobstabs zu verfolgen, ist hier unsere Aufgabe nicht. Wir verweisen von neuem auf A. Schücks überaus gründliche Studie, die sich dieses Ziel stellt, hin; es ist jedenfalls mit die beste Arbeit aus dem fraglichen Bereich. Er verfolgt den Jakobstab durch alle Phasen von Levi ben Gerson, Regiomontan, Werner (1514), Peter Apian (1533), Gemma Frisius (1544), über Martin Cortez (1551) und Coignet (1581) bis auf J. Harris (1730).

27. Die Breitentafeln des Regimento. Um das Können der Portugiesen oder Spanier in der Breitenbestimmung während der älteren Zeit zu prüfen, liegen nur wenige Überlieferungen von Einzelbeobachtungen vor. Bekannt ist, wie fehlerhaft zum Teil die Breiten waren, die Kolumbus für seine westindischen Entdeckungen anfangs angenommen haben soll (Breusing), oder diejenigen, welche man Behaim auf Grund seines Globus zur Last gelegt hat (Peschel). Indessen würde es eines etwas abseits liegenden Exkurses bedürfen, diese fehlerhaften Angaben auf andere Ursachen als absolute Unkenntnis des Wesens astronomischer Breitenbestimmung von seiten der Genannten zurückzuführen. Dem 42° Br., welchen Kolumbus für Nordkuba (statt 21°) angibt, steht z. B. die ziemlich richtige Lage von Nordjamaika gegenüber (18° Br.), die Kolumbus gelegentlich seiner Längenbestimmung am 14. September 1494 für den Hafen von Santa Gloria anführt[78]). Lassen wir dies

---

[78]) Racc. Colomb. P. I. Vol. III. Roma 1894. Tab. CXXXVIII u. Navarrete, Col. de los viages Madrid 1825, II, 272. S. auch H. Wagner, Die Legende d. Längenbest. Vespuccis, Nachr. d. k. Ges. d. Wiss. Göttingen Math.-phys. Kl. 1917, 277.

also jetzt auf sich beruhen. Eine Prüfung auf ihre Richtigkeit gestattet auch die im übrigen verständige Angabe des Mestre João, des Piloten Cabrals, nicht über die von ihm i. J. 1500 an der Küste von Brasilien erreichte Breite. „Am Montag, den 27. April", heißt es in seinem Brief an König Manuel[79]), „stiegen wir ans Land, ich, der Pilot des Generalkapitäns und der Pilot Sancho de Tovar. Wir haben die Höhe der Sonne um Mittag zu $56°$ gefunden, und der Schatten war nordwärts". „Segund las reglas del estrolabio" schlossen wir, daß wir $17°$ vom Äquator entfernt seien, und zwar $17°$ gegen den antarktischen Pol zu." Es ist klar, daß, worauf schon Bensaude (p. 127) aufmerksam macht, ein lapsus calami von seiten Joãos vorliegt, da eine positive Deklination (28. April) in jenen Breiten einen Schatten südwärts erfordert. Im übrigen ist, weil die Deklination nach der damaligen Tabula declinationis am 28. April rund $17°$ betrug, die Breitenbestimmung $= 90° - (56° + 17°)$ $= 17°$ S-Br. richtig. Aber dadurch, daß wir nachträglich schließen, Cabral müsse sich bei Porto Seguro befunden haben, können wir keinerlei Schluß darauf ziehen, ob die Beobachtung von $56°$ für die Sonnenhöhe richtig war. Die Prüfung über den Grad der Genauigkeit älterer Breitenbestimmungen hat man bisher fast allein an der Hand der zeitgenössischen Welt- und Küstenkarten vornehmen müssen, da ausgeführte Breitentabellen nicht vorlagen. Von diesem Standpunkt erhalten die in beiden Ausgaben des Regimento do estrolabio niedergelegten Tafeln geographischer Breitenlagen ganz besonderes Interesse. Die Münchener Ausgabe enthält eine solche in weit kürzerer Form mit nur 60 Positionen gegen 190 in dem Evora-Exemplar. Was die erstere betrifft, so liefert die Tafel in ihrer Beschränkung den Beweis, daß wir sie — und damit den Druck des Werkes — an das Ende des ersten Jahrzehnts, vielleicht in das zweite des 16. Jahrhunderts zu verlegen haben. Sie geht mit ihren westafrikanischen Breitenlagen räumlich nicht über den Äquator hinaus, obwohl dieser von den Portugiesen doch schon im Jahre 1471 überschritten und 1487 das Kap der guten Hoffnung erreicht war. Als südlichster Punkt wird die Insel St. Thomé genannt. Mit dieser beginnend folgen weitere 60 bis hinauf zum Kap Finisterra an der Westküste Galiciens ($43°$ Br.). Viel weiter greift die Breitentafel der Evora-Ausgabe aus. Ihre 190 Angaben beziehen sich nicht nur auf die West- und Ostküste Afrikas, sondern auch auf Südasien bis zu den Molukken. Gewiß mit Recht sieht Bensaude (a. a. O. S. 171) die Beschränkung in der älteren Ausgabe als eine Folge des Dekrets König Manuels vom 13. November 1504 an, wonach es verboten ward, auf nautischen Karten Andeutungen über die Schiffahrt jenseits der Inseln St. Thomé und Principe zu machen. Wenn die Evora-Ausgabe dagegen alle Breiten auf dem Wege um Afrika bis nach Ostindien anführt, so wird man annehmen müssen, daß zur Zeit der neuen Fassung jenes Verbot bereits aufgehoben war.

Ich möchte dem Umstande, daß in den zahlreichen Beispielen des Münchener Regimento zur Berechnung der Breite aus beobachteter Sonnenhöhe, von denen oben (S. 219) die Rede war, die Breite Lissabons bereits zu $38\frac{1}{2}°$ angenommen worden ist (und ebenso in der Bestimmung der Polhöhe aus der Beobachtung des Polarsterns), einen weiteren Beweis dafür entnehmen, daß diese Teile des Textes nicht aus viel früherer Zeit als aus dem Ende des ersten Jahrzehnts des 16. Jahrhunderts stammen können. Schon 1894 habe ich[80]) auf die im Zeitalter der Entdeckungen Schritt für Schritt erfolgende Herabrückung der Lage Lissabons in niederere Breite hingewiesen, welche für die Datierung mancher Fahrten und Ereignisse jener Zeit nicht ohne Bedeutung ist. Die *Tabulae civitatum* des späteren Mittelalters pflegten bei der unsicheren Kenntnis ihrer Lage eine Breitenangabe in ganzen Zahlen der Grade beizufügen. Wenn z. B. im 15. Jahrhundert für Lissabon die Breite von 41 angenommen wird, so ist damit ein ziemlich weiter Spielraum gegeben. Denn der 41. Breitengrad reicht vom 40. Parallelkreis bis zum 41. Bei Eintragung in Karten mußte man sich freilich für eine festere Lage nach Teilen des Grades entscheiden. Ptolemaeus (Geogr. II.5) gab daher Olisipo die bestimmte Breite von $40°$ $15'$.

---

[79]) Bensaude, L'astr. naut. 253.
[80]) H. Wagner, Die Toscanellikarte v. 1474 usw. Nachr. d. k. Ges. d. Wiss. Göttingen, Hist.-phil. Kl. 1894, S. 248—251: Die Breitenlage von Lissabon.

Dies wird von Regiomontan, dem offenbar noch keine neuere Bestimmung bekannt war, in seiner *Tabula civitatum*, die schon der 1. Ausgabe der Ephemeriden (1474) beigefügt ist [18]), nicht, wie man erwarten sollte, auf 40°, sondern auf 41° abgerundet. Zacut nimmt in der *Tabula longitudinis et latitudinis civitatum* seines Almanach perpetuum von 1496 schon

39° 35′ Br.

an, was als identisch mit Vespuccis echtem Brief von 1503 gelten kann, wo er Lissabon die Breite von 39 1/2° gibt [82]), „Navigamus ab Olysippo quod ab linea equinoctiali distat gradibus trigintanovem semis". Die Karte Reinels, die man in das Jahr 1505 verlegt [83]), zeigt Lissabon deutlich auf 39° Br. Danach ergibt sich, daß das Herunterrücken dieser Stadt in die richtige Lage auf

38 2/3° Br.,

wie es im Regimento (München 38 1/2°, Evora 38 3/4°) geschieht, einer späteren Zeit, also etwa dem zweiten oder dritten Lustrum des 16. Jahrhunderts, angehört.

Gehen wir nun auf die Breitentafeln selbst ein, so gilt es zunächst, auf ihren wesentlichen Unterschied aufmerksam zu machen. Während in der Münchener Ausgabe die 60 Breitenangaben den einzelnen namhaft gemachten Küstenpunkten (Inseln, Orte, Flüsse, Kaps usw.) angepaßt sind, schreitet die Tafel in der Evora-Ausgabe mit geringen Ausnahmen von Grad zu Grad fort und markiert für jeden einen die Breite kennzeichnenden Küstenpunkt. Nur streckenweise, wie an der Küste des Arabischen Meerbusens, wird davon eine Ausnahme gemacht. Die letztgenannte Form spricht dafür, daß man es in dieser mit der Zusammenstellung einer Übersichtstafel nach einer oder mehreren vorliegenden Karten zu tun hat, während die spezifizierten Angaben mehr die nach wachsender Breite geordneten Ergebnisse einzelner Fahrtenberichte wiedergeben dürften. Beide Tafeln lassen sich daher auch leider nicht unmittelbar miteinander vergleichen, um etwa die in der jüngeren in die Erscheinung tretenden Fortschritte festzustellen.

Um nun an einigen Beispielen die Größe der Fehler kennenzulernen, welche den damaligen, für den Anfang des 16. Jahrhunderts geltenden Breitenbestimmungen anhaften, wählen wir aus der Münchener Ausgabe solche Punkte, deren Lage auf neuen Karten mit einiger Sicherheit aus den in den Tabellen beigefügten Namen der Küstenpunkte festgestellt werden kann. Diese Angaben gleichzeitig mit zeitgenössischen Karten, wie etwa Canerio (1502) oder Cantino (1503) zu vergleichen, verlohnt sich kaum, da bei der üblichen Einschreibung der Namen auf den damaligen Seekarten die genauen Punkte, auf welche sie sich beziehen sollen, doch zu schwer zu identifizieren sind. Auch ist der Kartenmaßstab (Cantino 1° = 8,8 mm, also 1 : 12,500000) doch zu klein, um mehr als 1/4° verbürgen zu können. Darüber hinaus gehen übrigens nach der angestellten Prüfung die Differenzen zwischen der Cantinokarte und den Regimento-Werten im allgemeinen nicht.

Tafel 11. (C = Cabo; I = Ilha.)

1. Regimento (München)		2. Regimento (Evora)		3. Heutige Karte		Differenz 1–3
I. de santo Thome	2/3°	I. de sam tome	1°	I. St. Thomé (Mitte)	0° 23′	+ 17′
I. do principe	2 1/2°	I. do principe	2°	I. Principe (Nordk.)	1° 42′	+ 48′
I. de fernando do poo	4 1/2°	I. de fernando poo	4°	I. Fernando Po (Nordk.)	3° 46′	+ 44′
Tres pontas	4 1/2°	—		Cape three points	4° 45′	— 15′
Sierra licoa	8°	Ryo de serra lyoa	8°	Sierra Leone	8° 14′	— 14′
Cabo roxo	12 1/2°	Cabo roxo	12°	Kap rocho	12° 21′	+ 9′
Cabo verde	14 1/2°	Cabo verde	15°	Kap verde	14° 43′	— 13′

[81]) Irrtümlich wird zuweilen angegeben, daß die oft wiederholte Tabula noch nicht in der ersten Ausgabe der Ephemeriden (1474) enthalten sei. Wie ich mich indessen selbst an der Hand des Münchener Exemplars dieser höchst seltenen Ausgabe überzeugte, ist dies ein Irrtum. Die Tabula findet sich aber nicht wie später stets im Anfang, sondern ist der Ephemeride von 1506 vorgedruckt.

[82]) Varnhagen, A. Vespucci, Lima 1865, 24; wenn Cl. Markham (The letters of Vespucci, Hakluyt Soc., XC. 1894, 50) stets übersetzt: 39°, so ist zu bemerken, daß diese abgerundete Ziffer nur einmal im italienischen Text vorkommt.

[83]) S. Ruge in Pet. Mitt., Erg.-Heft 106, 1892, 55; vgl. die von E. Casanova herausgegebene verkleinerte Kopie der Reinel-Karte in Rivista geogr. italiana, Firenze I, Fasc. VI, 1894.

1. Regimento (München)		2. Regimento (Evora)		3. Heutige Karte		Differenz 1–3
Cabo bramco	20½°	Cabo branco	21°	Kap blanco	20° 48'	— 18'
C. das barbas	22°	C. das barbas	22°	Kap barbas	22° 20'	— 20'
Amgra dos Ruynos	25°	—		Angra dos Ruynos	24° 47'	+ 13'
C. do bojador	26¾°	C. de bojador	27°	Kap Bojador	26° 7'	+ 38'
I. alegramça	29°	—		I. Gramca	29° 25'	— 25'
I. saliuagem	30°	I. das saluagēs	30°		30° 4'	— 4'
C. de Cem	31½°	—			31° 11'	+ 4'
I. da madeira	32⅙°	I. da madeyra	32°	Madeira (Funchal)	32° 38'	— 22'
I. da porto samcto	32¾°	Porto setõ	33°	I. Portosanto	33° 5'	— 20'
C. de espartell	35½°	—		Kap Spartel	35° 38'	— 8'
Calez	36⅔°	—		Cadix	36° 31'	+ 9'
C. de sam Uiçemte	37°°	C. de sam vicente		Kap S. Vicente	37° 1'	— 1'
C. de espichell	38½°	—		Kap Espichel	38° 25'	— 5'
Berlēgua	39⅓°	Berlēgas ilha	40°	I. Berlengas	39° 25'	+ 2'
Aneiro	40½°	—		Aveiro	40° 40'	— 10'
Porto de portoguall	41°	Porto de portugal	41°	Porto	41° 9'	— 9'
C. de finsterra	43°	C. de finisterra	45°	Kap Finisterre	42° 53'	+ 7'

Man sieht, daß die Mehrzahl der Breiten bereits auf weniger als $\pm\,\frac{1}{3}°$ von der wahren Lage abweicht. Nur bei den Guinea-Inseln ist der Fehler noch auffallend groß. Im übrigen ist eine Gewähr, daß man es bei den Angaben im Münchener Regimento durchweg mit unmittelbaren Ergebnissen astronomischer Breitenbestimmungen zu tun hat, damit freilich noch nicht gegeben. Es ist möglich, daß dabei bereits Ausgleichungen der Kartenzeichner mit zur Geltung gekommen sind.

§ 28. Die terrestrische Navigation im Regimento. Die Kunst, aus den Elementen des wechselnden Kurses und der während Einhalts einer solchen durchsegelten Distanz den beabsichtigten Weg einer Fahrt auf die Karte zu übertragen, war von der italienischen Schiffahrt im Mittelmeer bereits so vollkommen ausgebildet, als es den damaligen Hilfsmitteln entsprach. Man besaß den Kompaß, war aber zur Feststellung der durchsegelten Wegstrecke noch ausschließlich auf die Gissung, d. h. die Schätzung, angewiesen. Im eigentlichen Zeitalter der Entdeckungen kamen neue Hilfsmittel nicht hinzu. Denn man ist jetzt allgemein der Meinung, daß Kenntnis und Anwendung des Logs oder der Logge sich nicht vor der zweiten Hälfte des 16. Jahrhunderts nachweisen läßt.

Die Italiener und Katalaner übertrugen als die Lehrmeister ihre Erfahrungen in der terrestrischen Navigation unmittelbar auf Portugiesen und Spanier. Aber die neue Zeit bedingte mancherlei Änderung der Formen der Lehren. So tritt deutlich aus den kurzen Andeutungen hervor, welche das *Regimento do estrolabio* über die Schätzung des durchlaufenen Weges gibt. In der älteren Fassung der Münchener Ausgabe schließen sie sich ohne besonderen Titel unmittelbar an die eben erörterte Breitentafel an, in der Evora-Ausgabe ist das Kapitel wie folgt überschrieben (Bensaude p. 235):

Regimento pera saberes quantas legoas entram por grao per cada huūa destas sete quartas abayxo scriptas. E isto do Norte e Sul.

Das Neue gegenüber der früheren Zeit liegt hier wesentlich in den Worten „per grao". Bensaude analysiert (a. a. O. p. 147—154) die nachfolgende Tafel ausführlich, ohne jedoch ihren Zusammenhang mit der alten Marteloio-Tafel ganz richtig zu erfassen. Und doch läßt sich gerade aus diesem ein neues Glied in der Entwicklungskette der Nautik entnehmen, das im Rahmen unserer Betrachtungen schärfer hervorgehoben zu werden verdient.

Wir knüpfen dabei an die Aufklärungen an, welche vor einem Menschenalter **Arthur Breusing** über das in der italienisch-katalanischen Schiffahrt übliche Verfahren der „Koppelung der Kurse"[84] gab. Er legte dabei die Täfelchen zugrunde, welche sich auf einem der Blätter des Atlas von Andreas Bianchc (1436) finden

---

[84] La toleta de marteloio u. die loxodromischen Karten. Zeitschr. f. wiss. Geogr., Jahr. II. 1881. 129—133, 180—183.

und daneben den Portulan von Pietro di Versi (1445)[85]). Breusing weist die Tafeln als die *Toleta de marteloio*, das Vorbild unserer heutigen Strichtafel, nach. Für unseren Zweck genügt es, daran zu erinnern, daß diese Toleta nicht aus einer, sondern aus zwei Tafeln besteht. Eben dies scheint Herrn Bensaude entgangen zu sein. Für die der Nautik fernerstehenden Leser möchte ich die Sachlage etwas ausführlicher und anschaulicher als Breusing darlegen. Die eine der Tafeln kommt für einen von dem Hauptziel der Fahrt abbiegenden Kurs in Betracht, die andere für einen solchen, der sich dem ersten wieder nähert. Zum Verständnis ist wichtig, sich daran zu erinnern, daß die Abszissenachse für die Bestimmung des Kurses in damaliger Zeit noch nicht die Nordsüdlinie bzw. die Ostwestlinie des Horizonts bildete, sondern der jedesmalige direkte Kurs, der geradlinig zum Ziel führt.

1. Die Aufgabe der ersten Marteloio-Tafel ist nichts anderes als eine Zerlegung einer Strecke in ihre beiden Komponenten. (Fig. 4.) Ist A X der direkte Kurs, und hat ein Schiff mit einem Kurswinkel von $a°$ eine Strecke von c Meilen durchfahren, so gibt $a = c \cdot \sin a$ die Zahl von Meilen an, um welche es sich, in B eintreffend, vom direkten Kurs entfernt hat; daher werden diese Werte nach der Marteloio-Regel mit *alargare* bezeichnet. Dagegen zeigt $b = c \cdot \cos a$ die Zahl von Meilen an, um welche man sich dem Endziel X unmittelbar genähert hat, also auf dem Wege wirklich vorwärts gekommen ist. Daher b = *avancare (avanzare)* heißt. Es ist klar, daß man diese Bestimmung mit Leichtigkeit für eine beliebige Strecke auf geometrischem Wege machen kann, wenn man die Hypotenuse des sogenannten Kursdreiecks nach irgendeinem Maßstab gleich der gutgemachten Strecke c macht. Er kann aber auf rechnerischem Wege ebenso gefunden werden. Dies sollte dem Schiffer durch die erste Tafel der Toleta erleichtert werden. Sie konnte sich für die damalige Zeit auf die 7 (8) Kompaßstriche des Quadranten beschränken. Als Konstante galt für kleinere Strecken c = 10, für größere c = 100 Meilen (Miglien, Mia).

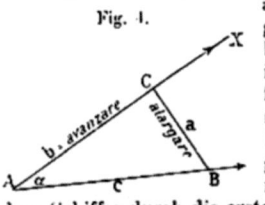

Fig. 4.

2. Die zweite Tafel will zeigen, wieviel Meilen man bei bestimmtem Kurs durchfahren muß, um eine in gewisser Entfernung verlaufende Linie (wieder) zu erreichen. In diesem Falle ist also der direkte Abstand des Schiffsorts von jener Linie (a') die Konstante und zugleich die Abszissenachse, nach welcher sich der Kurswinkel a' bestimmt. Da es sich im Laufe der Zickzackfahrt eines den Wind ausnutzenden Schiffskurses (in diesem Falle um eine Wiederannäherung an den direkten, nach X führenden Kurs) handelt, erhielt die gutgemachte Strecke c' den Namen *ritorno*, wogegen b', d. h. die Zahl von Meilen, um welche man sich während dieser neuen Fahrt dem wahren Ziele X genähert hatte, die Bezeichnung „*avanzo di ritorno*" erhält. Aus Figur 5 ist ersichtlich, daß

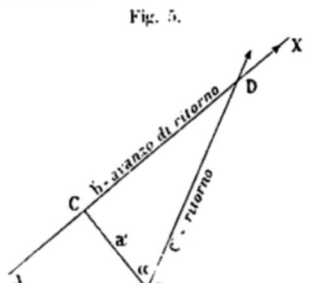

Fig. 5.

$$c' = a' \cdot \sec a' \quad \text{und} \quad b' = a' \cdot \tang a'$$

ist. Das eigentliche „Koppeln der Kurse" oder die *Suma de marteloio* brauchen wir nicht weiter zu verfolgen. Sie ist ja nichts weiter als eine Summation der Einzelglieder b + b' + b" .... In Tafel 12 geben wir an Stelle der abgerundeten Werte der alten Toleta die genauer berechneten, und zwar in Tafel B absichtlich mit 2 Dezimalen.

---

[85]) Versis Portulan ist abgedruckt in K. Kretschmer: Die italienischen Portulane des Mittelalters. Berlin 1909, 246 ff. Der Abschnitt über die Raxion del marteloio fehlt dort allerdings; er findet sich in Racc. Colomb., Part IV, Vol. I (A. d'Albertis).

Tafel 12.

Kurs	Tafel A				Tafel B	
	c = 100 Miglien		c = 10 Miglien		a' = 10 Miglien	
	alargare $a = c \cdot \sin \alpha$	avanzare $b = c \cdot \cos \alpha$	alargare	avanzare	ritorno $c' = a' \cdot \sec \alpha'$	av. di ritorno $b' = a' \cdot \tang \alpha'$
per una quarta ...	19,5	98,1	2	9¹/₃	51,26	50,27
per duo quarte ...	38,3	92,1	3⁴/₅	9¹/₅	26,13	24,14
per tre quarte ...	55,6	83,1	5¹/₂	8³/₁₀	18,00	14,97
per quatre quarte .	70,7	70,7	7¹/₁₀	7¹/₁₀	14,14	10,0
per cinque quarte ..	83,1	55,6	8³/₁₀	5¹/₂	12,03	6,65
per sei quarte ...	92,1	38,3	9¹/₅	3⁴/₅	10,82	4,14
per settanta quarte .	98,1	19,5	9¹/₃	2	10,20	1,99
per otte quarte ...	100,0	0,0	10	0,0	10,00	0,00

Im *Regimento do estrolabio* fällt zunächst der erste Teil der Toleta de marteloio ganz fort. Es ist daher unlogisch, wenn Bensaude die Tafel des Regimento mit dieser einen ganz anderen Zweck verfolgenden Tafel in Vergleich stellt. Man wird das Fehlen von Tab. A im Regimento damit erklären können, daß dem praktischen Seemann es bereits ganz geläufig geworden war, die Größen a und b direkt auf der Seekarte, die eines Meilenmaßstabes ja niemals entbehrte, abzugreifen. Jedenfalls war es bequemer, als die Sache zu berechnen, wenn es sich dabei auch nur um die Auflösung einer einfachen Proportion, wie z. B. für einen Kurswinkel von 1 Strich (una quarta)

$$100 : c = 19,5 : x$$

handelte.

Nur der zweite Teil erscheint also im Regimento wieder. Er hat aber nicht nur deshalb ein anderes Zifferngewand, weil die Tafel vom neueren Streckenmaß der *Legoas* ausgeht, sondern vielmehr, weil die Tafel *por grao* fortschreitet; d. h. es wird nicht eine abgerundete Zahl von Legoas für a', die anliegende Kathete des Kursdreiecks, sondern die einem Erdgrade entsprechende Zahl von Legoas, nämlich

$$1° = 17\tfrac{1}{2} \text{ Legoas}$$

zugrunde gelegt. Im übrigen entspricht sie der älteren Form der Toleta vollkommen. Multipliziert man die Werte der Tafel B mit dem zehnten Teil von $17\tfrac{1}{2}$, also 1,75, so resultieren die Werte der Regimentotafel (Tafel 13), zum Beispiel

$$\frac{51,26 \cdot 17\tfrac{1}{2}}{10} = 89,70 \text{ Leg.}$$

Die ursprüngliche Form der Tabelle, wie sie das Münchener Exemplar des Regimento gibt, enthält daneben eine Zahl leicht festzustellender Berechnungsfehler; es sind nicht etwa Druckfehler, denn — was auffallend ist — sie kehren in sämtlichen Reproduktionen der gleichen Tabelle, wie in der Evora-Ausgabe (nach Bensaude), bei Enciso (1530), ja auch bei Franc. Faleiro (1535) wieder. Das spricht nicht gerade für die Sorgfalt dieser Autoren. Erst Pedro Nunes gibt in seiner Schrift „*Tratado em defensam da carta de marear*" (1537)[86] das Ergebnis einer neueren Bestimmung. Wenn er dabei innerhalb der kleineren Werte für die 5. bis 7. Quarta noch ein wenig von dem exakten Berechnungsgrad abweicht, so dürfte darin der Beweis zu sehen sein, daß auch er seine Zahlen auf geometrischem Wege durch Abgreifen auf einem Diagramm gewann, wie man es wohl bestimmt für den Autor der im Regimento niedergelegten Tafel annehmen muß. Nunes selbst führt freilich die Ungenauigkeit seiner Zahlen darauf zurück, daß sie Quadratwurzeln seien (1537, p. 139). Im Regimento werden die Werte nicht in tabellarischer Form gegeben, sondern in sieben Einzelsätzen, z. B. (nach Bensaude p. 227):

„*Item per huũa quarta releua per grao dezasete lleguoas et çinque sexmos del lleguoa. Et afastas da lynha dereyta tres leguoas et meea.*

Enciso (Fol. XXI verso) und Faleiro fügen die Ziffern dem Bilde einer 32teiligen Windrose ein.

---

[86]) Faksimile-Ausgabe des Tratado de Esphera. München 1915, p. 171; P. Nonii Opera, Basileae 1566, p. 37.

Tafel 13.

Kurs (α')	releva per grão (legoas)			afastas da lynha dereyta (legoas)		
	Regimento (München)	Nunes 1537	berechnet $c' \cdot \sec \alpha'$	Regimento (München)	Nunes 1537	berechnet $c' \cdot \operatorname{tg} \alpha'$
per 1 quarta . . .	$17\frac{1}{2}$	$17\frac{5}{8}$	17,85	$3\frac{1}{2}$	$3\frac{1}{2}$	3,48
per 2 quartas . .	$19\frac{1}{6}$	$19\frac{3}{8}$	18,91	$7\frac{1}{2}$	$7\frac{1}{4}$	7,25
per 3 quartas . .	$21\frac{1}{3}$	21	21,05	$11\frac{5}{6}$	$11\frac{2}{3}$	11,69
per 4 quartas . .	$24\frac{3}{4}$	$24\frac{3}{4}$	24,75	$17\frac{1}{2}$	$17\frac{1}{2}$	17,5
per 5 quartas . .	$31\frac{1}{4}$	$31\frac{1}{2}$	31,50	$26\frac{1}{6}$	$26\frac{1}{5}$	26,19
per 6 quartas . .	$46\frac{1}{2}$	$45\frac{3}{4}$	45,75	$42\frac{1}{2}$	$42\frac{1}{4}$	42,25
per 7 quartas . .	$87\frac{1}{6}$	$89\frac{3}{4}$	89,70	85	88	87,98

29. Der Erdgrad. Mit den Worten „*per grão*" wird, wie angedeutet, das Regimento bereits inmitten der neuen Periode der Nautik verlegt, in welcher im Gegensatz zur Zeit vorherrschender Küstenfahrt, die ihre Wegestrecken ausschließlich in der Einheit des bürgerlichen Wegemaßes (Miglien, Legoas) ausdrückte, sie dazu überging, dieselben zur Erdgröße in Beziehung zu setzen. Der Umschwung vollzieht sich am Ende des 15. Jahrhunderts so allmählich, daß man einen festeren Termin nicht anzugeben vermag. Die Ausdehnung der Seewege zwang zu der Maßregel. Mißlich war freilich, daß man in jenen Zeiten so wenig über die Größe der Erde unterrichtet war. Die Annahmen aus dem Altertum wurden ebenso wie die Ergebnisse der mittelalterlichen arabischen Erdmessung von den Kosmographen und Nautikern hervorgesucht. Jedoch nicht nur in ihrer ursprünglichen Gestalt, sondern auch in den mannigfachen Wandlungen, denen die Urmaße eines Eratosthenes und Ptolemaeus oder der Araber im Laufe der Jahrhunderte durch ihre Interpretatoren oder bloßen Überlieferer unter den Astronomen und Kosmographen erfahren hatten. So treten denn gleichzeitig weit voneinander abweichende Angaben für den Erdgrad auf, wie z. B. $56\frac{2}{3}$ Meilen (arabische Erdmessung), 60 Meilen (Nic. Germanus, um 1480), $62\frac{1}{2}$ Meilen (Ptolemaeus), $66\frac{2}{3}$ Meilen (andere arabische Überlieferung, Toscanelli), 80 Meilen (Regiomontan), $87\frac{1}{2}$ Meilen (Eratosthenes), um nur die wichtigsten zu nennen. Dabei besteht jedoch mit seltenen Ausnahmen die Übereinstimmung, die Miglie der römischen Landmeile (etwa 1480 Meter) gleichzusetzen. Dieser Mannigfaltigkeit gegenüber tritt unter den italienischen Nautikern um die Wende des 15. Jahrhunderts der mehr aus der Erfahrung entnommene Wert von

$$1° = 70 \text{ Miglien}$$

auf, um in den spanisch-portugiesischen Gewässern bei der allgemeinen Annahme des Verhältnisses 1 Legua = 4 Miglien die Gestalt anzunehmen von

$$1° = 17\tfrac{1}{2} \text{ Leguas.}$$

Nun ist bekannt, daß im zweiten oder dritten Jahrzehnt des 16. Jahrhunderts in Portugal der früher schon gelegentlich gebrauchte Wert von

$$1° = 16\tfrac{2}{3} \text{ Legoas } (= 66\tfrac{2}{3} \text{ Miglien})$$

der herrschende wird, während die Spanier bei $1° = 17\frac{1}{2}$ Leguas stehen blieben[67]). Von hervorragendem Interesse ist es daher, auf Grund der neueren Forschungen in der Geschichte der Nautik feststellen zu können, wie lange sich der von den Italienern überkommene Wert von

$$1° = 17\tfrac{1}{2} \text{ Legoas}$$

auch bei den Portugiesen behauptet hat. Eben davon legt das Regimento und legen die folgenden Lehrbücher der Nautik bis auf Nunes hin Zeugnis ab. Daß diese Bezugnahme auf die Erdgröße bzw. den Erdgrad um die Jahrhundertwende für die Nautiker noch verhältnismäßig neu war, scheint mir deutlich aus dem Umstande hervorzugehen, daß das Regimento es in beiden Ausgaben für notwendig findet, die Anweisung zur Berechnung des durchlaufenen Weges mit den Worten einzuleiten (Faksimile-Ausgabe S. 12):

67) Vgl. den Streit zwischen F. de Varnhagen und d'Avezac 1858. (Bull. de la soc. de géogr. de Paris. IV. Sér., Vol. 16. 1858), sowie H. Wagner, Z. Gesch. d. Seemeile: 2. Die romanische Seemeile. Ann. d. Hydr. 1913. S. 399 ff.

„*Tem saberas que ho graão do norte e sul he de dezasete lleguoas e mea* (d. h. 17½ Leg.) *e asy asde saber que sesenta minutos fazem huūm grado.*"

Ebenso sagt Enciso im Fol. XXI der Suma de geographia (Ausgabe 1530): „grado que vale aqual grado diez y siete leguas e media de camino." Und gleich zu Anfang (Fol. IV) heißt es bei ihm: „La equinocial tiene de lögitud treeentos y sessanta grados de a diaz y seys leguas y media cada grado." Daraufhin scheint Bensaude (S. 148, Anm. 4) den Vorwurf gegen Varnhagen[88]) erhoben zu haben, dieser sei im Unrecht, Enciso als Anhänger des Erdgrades von 16⅔ leguas hingestellt zu haben, denn das von Enciso adoptierte Maß sei in der Ausgabe von 1519 vielmehr 17½ und nicht 16⅔ L. Mir lag leider die Ausgabe der Suma de geographia von 1519 nicht vor. Aber in derjenigen von 1530, auf welche Varnhagen sich gestützt haben wird, findet sich (Fol. VI verso) ein längerer Passus über die Größe der Erde, in welchem durchweg der Erdgrad zu 16⅔ L. berechnet wird; nämlich Umfang der Erde = 360° zu 16⅔ L. = 6000 L.; Entfernung von St. Thomé bis Malacca 102° = 1700 L.; weiter bis nach Cattigara 42° = 700 L., zusammen 2400 L. Anderseits bis zum äußersten entdeckten Punkt im Westen, dem *Puerto de las figueras* 117° = 1950 L. Figueras ist also von Cattigara 261° = 4350 L. entfernt. Es bleiben also vom Äquator zu entdecken noch 99° = 1650 L., damit man zu den 6000 L. des Umfangs kommt.

Mittlerweile war der Streit über die Teilung der Erde und über die Lage der Molukken entstanden, der auf der Konferenz von Badajoz 1524 zum Austrag gebracht wurde. Für diese Frage kam die Größe der Erde sehr wesentlich in Betracht, denn je nach der Größe des Erdgrades fielen diese Inseln, deren Entfernung in Leguas weniger bestritten wurde, in die spanische oder portugiesische Erdhälfte. Genug, wir sehen einen Reflex dieses Streites darin, daß beide Maße bei Enciso vorkommen und Francisco Falciro, der Portugiese, der seine *Arte del marear*, 1535 jedoch in spanischer Sprache herausgab, zwei Windrosen mit Umschrift der Marteloio-Werte abbildet und durch Unterschriften erläutert:[89])

„*Para los que quisieren seguir la opinion de. 17. leguas y media por cada grado se pone esta figura siguiente*". Ferner: „*E porque parecera a los que carecem de la pratica desto que ay contradicion en lo que se dixo que entran mas leguas en vn grado por vn rumbo que por otro auiendo dicho que cada grado vale o tiene. 16. leguas y dos tercios d'legua*.

Von Wert ist für die von mir seit lange vertretene Anschauung, daß das Festhalten an den verhältnismäßig richtigen Annahmen der Größe der Erde — denn unter Zugrundelegung der römischen Meile für die italienische Migle erhält der Erdgrad von 70 M. 103 600 Kilometer (statt 111 000), oder nur 7% zu wenig — ein Verdienst der Nautiker sei, auch der Satz, mit dem Pedro Nunes die Marteloioregel 1537 einleitet[90]): „*Nauegando do norte e sul dizem os nauegantes* (sic) *que respondem ao grao dez e sete legoas e mea.*"

Daß übrigens auch zu jener Zeit noch immer geschwankt wurde zwischen 1° = 17½ und 1° = 16⅔, zeigen die widersprechenden Angaben bei Nunes, der bald die Portugiesen (Lusitani), bald die Spanier als die Anhänger eines der beiden Werte hinstellt. In der lateinischen Ausgabe des Tratado (De duobus problematis circa navigandi Artem, cap. 2)[91]) sagt Nunes im Anhang: „Continet autem unus gradus circuli maximi in terrestri superficie leucas 17. cum semisse ut Lusitani (sic) aiunt. Inter quos tamen sunt qui arbitrantur sedecim tantum comprehendere cum duabus tertijs unius leucae. ut sint in toto circuitu leucae 6000." Später (a. a. O. S. 185) heißt es: „Quoniam inter Hispanos (sic) sunt, qui Leucas 17 cum demidio, uni gradui maximi circuli tribuant in terreno circuitu: alij uero 16. cum duabus tertijs etc."

(Schluß folgt.)

---

[88]) Examen de quelques points sur l'hist. de Brésil. 1858, 22.
[89]) Faksimile-Ausgabe, München 1915, p. 76 u. 77.
[90]) Tratado em defensam etc. Faksimile-Ausgabe 1915, p. 170.
[91]) P. Nonii Opera Basilene 1566, p. 28.

Die Entwicklung der wissenschaftlichen Nautik im Beginn des Zeitalters der Entdeckungen nach neuern Anschauungen.

Von Prof. Dr. Herrmann Wagner in Göttingen.

(Schluß.)

VI. Die ersten Längenbestimmungen zur See.

30. Das Fehlen der Längenbestimmungen zur See vor den Zeiten des Kolumbus. Es ist verständlich, daß die astronomische Nautik der Portugiesen im früheren Stadium sich ganz auf die Breitenbestimmungen beschränkte, diejenige der Längen noch völlig außer acht ließ. Der Weg ihrer Entdeckungen längs der Westküste Afrikas verlief ja fast meridional, und was an Inseln in der Westsee entdeckt und aufgesucht ward, lag noch im Bereich der Entfernungsschätzung auf terrestrischem Wege. Das ward anders für das Problem, den Ostrand Asiens auf dem Westwege zu erreichen. Als daher Paolo Toscanelli 1474 den König von Portugal aufforderte, einen dahingehenden Versuch zu wagen, hat er ihm die Entfernung der fernen Küsten nicht unmittelbar durch die Zahl der Miglien, die zu durchfahren seien, erläutert, sondern in Wort und Bild durch die der Meridianstreifen, welche vom Wege zu durchschneiden seien. Es handle sich um 26 Spatien zu je 250 Miglien in der Breite von Lissabon bis Quinsay im Reiche Cathay. Da jedes Spatium einem fünfgradigen Meridianstreifen entsprach, so waren hiernach 130° L. zu durchsegeln[92]). Von einem Verfahren, wie man sich solcher Unterschiede geographischer Längen vergewissern könne, ist selbstverständlich dabei noch nicht die Rede. Das Bedürfnis, die Ergebnisse ihrer Westfahrten nach Schätzung der Weglänge auf astronomischem Wege nachzuprüfen, tritt erst bei den Praktikern hervor. Mit zweien derselben ist die Nachricht erster Versuche der Längenbestimmung verknüpft, mit Kolumbus und Vespucci. Sie gehören noch den ersten drei Lustren nach der Entdeckung von Amerika an und müssen uns kurz in ihren Voraussetzungen, wie den noch gewaltig falschen Ergebnissen beschäftigen. In Betracht kommen die Längenbestimmungen des Kolumbus in den Jahren 1494 und 1504 auf Grund von Mondfinsternissen und die Legende eines gleichen Versuches Amerigo Vespuccis vom 23. August 1499 nach der Methode der Mondabstände. Da es sich dabei um vielumstrittene Fragen handelt, so können sie, ohne den Rahmen einer Übersicht der Entwicklung zu überschreiten, in beweiskräftiger Breite an dieser Stelle nicht behandelt werden. Ich muß den Leser für die nachfolgende Darstellung auf die nähere Begründung verweisen, welche ich in einem vor kurzem erschienenen längeren Aufsatz über „die Legende der Längenbestimmung Amerigo Vespuccis nach Mondabständen (23. August 1499)" gegeben habe[93]). In diesem werden auch die Längenbestimmungen des Kolumbus eingehend erörtert. Hier ein kurzer Auszug:

31. Die Längenbestimmungen des Kolumbus nach Mondfinsternissen 1494 und 1504. Nach den handschriftlich hinterlassenen Notizen will Christoph Kolumbus zweimal den Versuch gemacht haben, von Westindien aus auf astronomischem Wege den Abstand vom europäischen Kontinent in geographischer Länge zu finden. Es ist bemerkenswert, daß die Ergebnisse dieser Versuche von ihm auf einem und demselben Blatt in dem *Libro de las Profecias* zusammengestellt sind. Kolumbus bedient sich der aus dem Altertum schon überkommenen Methode der Zeitvergleichung zweier Orte im Moment des Eintritts bzw. der einzelnen Phasen einer Mondfinsternis. Eine solche hat bekanntlich den Vorteil, daß sie auch in kürzerem Zeitraum weniger Jahre öfter auftritt. Für den Seefahrer, der sich an irgendeiner Küste, an welcher die Erscheinung sichtbar ist, dieser Methode bedienen will, ist die Voraussetzung, daß ihm der voraus berechnete Zeitpunkt ihres Eintritts für einen heimatlichen Vergleichspunkt bekannt ist. Das war zu Kolumbus' Zeit der Fall.

---

[92]) Nachweis im einzelnen in H. Wagner, Die Toscanellikarte v. 1474 etc. Nachr. d. k. Ges. d. Wiss. Göttingen. Phil. hist. Kl. 1894, 222—230.

[93]) Nachrichten d. k. Ges. d. Wiss. zu Göttingen. Math. naturw. Klasse (sic) 1917, 264—298.

In den Ephemeriden des Regiomontan werden alle in den Jahren 1475 bis 1506 zu erwartenden Mondfinsternisse durch zwei Zeitangaben — nämlich für die wahre Opposition von Sonne und Mond oder die Mitte der Erscheinung und für die halbe Dauer derselben — angegeben. Im Almanach perpetuum Abraham Zacutos (1496) werden für die Jahre 1494 bis 1525 die Zeiten des Beginns und des Endes von im ganzen 16 Mondfinsternissen angeführt. Die Zeiten gelten in den Ephemeriden für Nürnberg, im Almanach perpetuum für Salamanca.

Kolumbus erzählt, daß er am 14. September 1494 in Saona, einem noch jetzt so benannten Inselchen im SO von Española (Haiti) eine Mondfinsternis beobachtet habe, woraus er geschlossen, daß er sich zeitlich $5\frac{1}{2}$ Stunden westlich von Kap St. Vicente in Portugal befunden habe. Das entspricht einem Längenunterschied von $82\frac{1}{2}°$, während er in Wahrheit höchstens $60°$ beträgt, wenn wir Kap St. Vicente eine Länge von rund $9°$ W. v. Gr. und Saona von $69°$ geben. Näheres erfahren wir über diese Messung nicht. Eingehender wird die Beobachtung vom 29. Februar 1504 beschrieben, die an einem Punkt der Nordküste von Jamaika, etwa in deren Mitte (also etwa in $77°$ W. v. Gr.), stattgefunden haben soll. Kolumbus konnte nur das Ende, den Austritt der Mondscheibe aus dem Erdschatten, beobachten, was nach seiner Angabe „ganz genau" $2\frac{1}{2}^h$ („*cinco ampolletas*", d. h. nach Ablauf von 5 halbstündigen Sanduhren) erfolgt sei. Diesmal wird Calis (Cadix) als östlicher Vergleichspunkt gewählt, was begreiflich erscheint, da der Ort fast im Meridian von Sevilla, dem Mittelpunkte aller spanischen Unternehmungen nach Amerikas Entdeckung, und zugleich an der Küste liegt. „Die Entfernung der Mitte der Insel Janahica in Indien", sagt Kolumbus, „und der Insel von Calis in Spanien beträgt 7 Stunden und 15 Minuten, so daß die Sonne hier $7\frac{1}{4}^h$ früher untergeht als in Janahica (vide Almanach)." Demnach wird der Längenunterschied zwischen Cadix und Jamaika auf $108\frac{1}{4}°$ geschätzt, während er, wenn wir Cadix $6°$ $19'$ W. v. Gr. geben, kaum $71°$ beträgt, also ein Plus von $37°$.

Eine nähere Analyse der mitgeteilten Zeitangaben läßt zahlreiche Möglichkeiten zu, welche die außerordentliche Überschätzung der Entfernung zwischen Westindien und Spanien zuwege gebracht haben könnten, wenn anders es sich nicht um eine absichtliche westliche Hinausschiebung der entdeckten Inseln durch Kolumbus handelt, um sie mit der vermeintlichen Lage am Ostrand Asiens, an der er bis zu seinem Tode festhielt, in Einklang zu bringen. Wie angedeutet, habe ich von neuem versucht, alle einzelnen Fehlerquellen in ihrer positiven oder negativen Richtung und ihrem Betrage aufzuhellen. Daß Kolumbus die Ephemeriden des Regiomontan mit sich führte, wissen wir aus seinem eigenen Bericht. Die Worte „vide Almanach" sind dagegen schon von Simon de la Rosa y Lopez, dem Bibliothekar der Bibliotheca Colombina zu Sevilla, dahin gedeutet, daß darunter der Almanach perpetuum des Zacuto zu verstehen sei, von dem sich auch ein mit Notizen versehenes Exemplar in der Colombina befindet.[14]) Dafür spricht auch die Angabe, daß die Finsternis an einem Donnerstag (Jueves) eingetreten sei, da Zacuto sie in *feria* 5 setzt. Nur ist fraglich, ob ihm dieser Zacutosche Almanach schon 1494 zur Verfügung stand, da er erst 1496 im Druck erschienen ist (s. oben § 14). Wie dem auch sei, der unaufgeklärte Punkt ist jedenfalls, ob und wie Kolumbus die in den Ephemeriden für Nürnberg, im Almanach Zacutos für Salamanca vorausberechneten Zeiten der Finsternisse auf seine Ausgangspunkte Kap St. Vicente (1494) bzw. Calis (1504) übertragen hat. Eine fernere Frage ist, wie er sich, da er doch beide Tafelwerke (wenigstens 1504) zur Verfügung hatte, zu dem beträchtlichen Unterschied der Zeit stellte, welche dieselben naturgemäß für ihre speziellen Ephemeridenmeridiane Nürnberg bzw. Salamanca angeben mußten. Für die Mitte der Mondfinsternis vom 29. Februar 1504 geben die Ephemeriden 13^h 36^m an; aus dem Almanach perpetuum berechnet sich derselbe Zeitpunkt aus dem Mittel von Anfang und Ende (10^h 47^m – 14^h 13^m): 2 auf 12^h 30^m. Daraus hätte Kolumbus auf eine Zeitdifferenz in den Angaben Regiomontans und Zacutos von 1^h 6^m schließen müssen. Ist ihm dies zum Bewußtsein gekommen? Wie weit spielen hier ferner die Fehler der Tafelwerke selbst eine Rolle? Man kann diese durch den Vergleich mit den

---

[14]) Biblioth. Colombina. Catalogo de sus libros impresos. T. I. Sevilla 1888. 3.

Berechnungen des Oppolzerschen Kanon der Finsternisse von 1887 berechnen (a. a. O. S. 280) und würde für die Finsternis vom 14. September 1494 $+33^m$ (Ephemeriden) bzw. 44^m (Zacuto) finden; für die vom 29. Februar 1504 sind die Fehler jedoch viel kleiner, nämlich nur $+13^m$ (Ephemeriden) bzw. $+14^m$ (Zacuto), so daß sie im letzten Fall das Gesamtresultat nicht wesentlich beeinflussen würden. Endlich läßt sich ein etwaiger Fehler in der Zeit, zu welcher Kolumbus in Jamaika das Ende der Mondfinsternis beobachtet haben will, seiner Größe nach abschätzen. Da die Nordküste Jamaikas etwa in 17° Br. liegt — Kolumbus selbst nahm 18° an —, so müßte die Sonne am 29. Februar des Julianischen Kalenders dort um $6^h 5^m$ p. m. untergegangen sein, und wenn die Mondfinsternis $2^1/_2{}^h$ nach Sonnenuntergang ihr Ende erreichte, so hätte Kolumbus dies um $8^h 35^m$ p. m. beobachten müssen. Aber tatsächlich kann diese Erscheinung in 77° W. v. Gr. erst um $9^h 14^m$ p. m. Ortszeit erfolgt sein, wenn sie in Nürnberg (11° O. v. Gr.) nach der angebrachten Korrektion von 13^m um $15^h 19$ p. m. (29. Februar, oder $3^h 19^m$ a. m. am 1. März[95]) Ortszeit eintrat. Ein Irrtum von mehr als einer halben Stunde (genauer 39^m) rückt die Insel sofort um fast 10° L. weiter nach Westen. Nehmen wir zum Schluß an, daß sich Kolumbus über den Zeitpunkt der Mondfinsternis in Calis keine weiteren Skrupel machte, so muß es doch auffallen, daß er keinen Anstoß nahm an dem gewaltigen Längenunterschied zwischen seinen westindischen Beobachtungspunkten, Saona und Jamaica (Mitte), wie er aus seinen eigenen Berechnungen folgen würde, nämlich $7^1/_4{}^h - 5^1/_2{}^h = 1^h 45^m$ oder $19^1/_4°$ L. (wobei wir den Unterschied von 2 bis 3° zwischen Kap St. Vicente und Cadix ganz außer Betracht lassen). Denn über die Entfernung dieser beiden Punkte hatte er ja selbst durch seine Fahrten Erfahrungen gesammelt, sie liegen tatsächlich von 77° — $68^1/_2 = 8^1/_2°$ L. voneinander entfernt. Kurz, es liegen Gründe genug vor, diesen Bestimmungen zweifelnd gegenüber zu stehen, aber immerhin wird man an der Tatsache festhalten dürfen, daß Kolumbus Versuche solcher Längenbestimmungen auf Grund der Beobachtung einer Mondfinsternis angestellt hat. An der Echtheit der handschriftlichen Aufzeichnung durch Kolumbus hat meines Wissens noch niemand gezweifelt.

32. Die Legende der Längenbestimmung am (23. August 1499) durch Amerigo Vespucci nach Mondabständen. Anders liegt die Sache in diesem Fall. Zwar wenn wir die Schriften von Astronomen während der letzten Jahrhunderts zur Hand nehmen, so scheint keiner derselben an der Tatsache der hervorragenden Leistung, welche man Vespucci zuschreibt, gezweifelt zu haben, und ein solcher ist es, der in allerjüngster Zeit die Erörterung über die Kunde wieder in Fluß gebracht hat. Nachdem J. Bensaude den Ephemeriden des Regiomontan jeglichen Einfluß auf die Entwicklung der portugiesischen Nautik im 15. Jahrhundert abgestritten hatte, brach Wilhelm Förster (1916) eine Lanze für unseren berühmten Landsmann. Wenn, so sagt Förster in mehreren populären Aufsätzen[96]), die Ephemeriden auch vielleicht für die den Portugiesen so wichtigen Breitenbestimmungen aus der mittäglichen Sonnenhöhe keine unmittelbare Hilfe gewährten, so doch jedenfalls für die gleich wichtigen Bestimmungen der geographischen Länge. Zum Beweis wird (a. a. O. S. 42) auf briefliche Mitteilungen hingewiesen, die Amerigo Vespucci über eine an der Küste von Venezuela am 23. August 1499 ausgeführte Beobachtung einer nahen Zusammenkunft des Mondes mit dem Planeten Mars gemacht habe. „Die Ortszeit des Meridians der Ephemeride", sagt Förster, „welche Regiomontan für diese Zusammenkunft vorausberechnet hatte (sc. für Nürnberg), verglichen mit der aus dem Sonnenstande zur Zeit der Beobachtung des Phänomens an der Küste von Venezuela gefolgerten Ortszeit des Beobachters ergibt, daß der letztere sich $5^1/_2$ Stunden ($82^1/_2°$) westlich vom Meridian der Ephemeride befand."

Schon aus dieser Fassung ersieht man, daß Förster, obgleich er von einem „verbürgten Beobachtungsergebnis" spricht, der Sache nicht näher getreten ist,

---

[95]) Die Mitte der Finsternis, für welche die Ephemeriden die Zeit von $13^h 36^m$ angeben, reduziert sich durch die Korrektion auf $13^h 23^m$. Dazu kommt die halbe Dauer von $1^h 43^m$, woraus für das Ende der Finsternis $13^h 36^m + 1^h 43^m = 15^h 19^m$ p. m. (29. II.) oder $3^h 19^m$ a. m. (1. III.) folgt.

[96]) Zur Gesch. d. Astronomie und der Schiffahrt. (Mitt. d. Vereinigung v. Freunden der Astron. usw. 1916, 39—113.) S. auch: Deutsche Revue, Jahrg. 42, 1917.

auch die Originalquelle der Nachricht nicht eingesehen hat. Er stützt sich bei seinen Ausführungen auf das Werk von E. T. Apelt[97]), wo der ganze Hergang eingehender nach den Überlieferungen beschrieben ist. Es ist im übrigen bekannt, daß diese auf einen Brief Vespuccis zurückgehen, welchen er am 18. Juli 1500 an seinen Gönner Lorenzo da Pier Francesco dei Medici geschrieben haben soll, und den Bandini zuerst, und zwar im Jahre 1745, veröffentlicht hat. Keiner dieser Autoren, welche diese Legende einer Längenbestimmung durch Vespucci vom Jahre 1499 — die Begründung, daß es sich nicht um eine Tatsache, sondern eine Legende handelt, soll im folgenden gegeben werden — anstandslos bis in die neueste Zeit weitergetragen haben, scheint davon Kenntnis besessen zu haben, daß die Echtheit jenes Briefes vom 18. Juli 1500 seit Jahrzehnten mit triftigen Gründen bestritten worden ist, und daß gewiegte Nautiker auch sachliche Bedenken gegen das angewendete Verfahren erhoben haben. Ebensowenig scheint ihnen bekannt zu sein, wann und auf welchem Wege die Legende überhaupt sich in die Wissenschaft eingenistet hat.

Darüber besteht kein Zweifel, daß die zeitgenössische Literatur uns nicht ein Wort über die fragliche Beobachtung Vespuccis berichtet. Vielmehr erfuhr man überhaupt zuerst davon, als Maria Bandini den bewußten Brief, der wesentlich die zweite Westfahrt des Vespucci (von 1499 bis 1500) beschreibt, im Jahre 1745 veröffentlichte[98]). Ein halbes Jahrhundert verging, ohne daß die besondere Punkt in jenem Brief, in welchem Vespucci sich über die Längenbestimmung in Venezuela verbreitet, Beachtung fand. So läßt sich der italienische Astronom Stanislao Canovai als der eigentliche Urheber der Legende bezeichnen. Denn in seinem *Elogio di Amerigo Vespucci* (1788) und noch mehr in seiner umfangreichen Studie *„Sulle Vicende delle Longitudini Geografiche dei tempi di Cesare Augusto fino a quelli dell' Imperator Carlo V.* (1791)[99]) feiert er Vespucci auf Grund seiner Beobachtung vom 23. August 1499, die von ihm zugleich einer sehr eingehenden Analyse unterzogen wird (a. a. O. S. 333—344), nicht etwa als den ersten nachweisbaren Anwender einer theoretisch überlieferten Methode, sondern geradezu als deren genialen Erfinder oder Entdecker; eine Lobpreisung, in welche von Zach[100]), durch den 1810 die Canovaischen Darlegungen zuerst in Deutschland bekannt wurden, in noch voller tönenden Worten einstimmt. Diese Ansicht scheint allerdings später nicht durchgedrungen zu sein, und man hat sich meist — stillschweigend — begnügt, in der fraglichen Erzählung des Briefes vom 18. Juli 1500 eine erstmalige Anwendung der Methode der Mondabstände zu sehen.

Aber wenn dem so ist, wo und wie hat Vespucci diese Methode der Mondabstände kennen und ausüben gelernt? Darüber hatten sich alle bisherigen Verkünder des Ruhmes Vespuccis ausgeschwiegen, und in keiner Geschichte der Astronomie oder mathematischen Geographie ist ein Wort darüber zu finden, daß die Methode überhaupt schon im 15. Jahrhundert bekannt war. Allgemein galt seit hundert und mehr Jahren in der Wissenschaft als feststehend, daß sie nachweisbar zum ersten Male von dem deutschen Astronomen Johannes Werner in seinem Werke *„In primum librum Geographiae Cl. Ptolemaei paraphrasis"*[101]) 1514 angegeben sei.

Demgegenüber sehen wir unter unsern Augen eine neue Legende im Entstehen. Joachim Bensaude ist ihr Urheber. Nichts als eine neue *„Prétention de priorité de l'Allemagne"* ist ihm[102]) die Behauptung Försters, daß die Ephemeriden des Regiomontan dem Vespucci zur Ausführung seiner Längenbestimmung Dienste geleistet haben. Nichts als die einfache Angabe, daß und wann am 23. August 1499 eine Konjunktion des Mondes mit dem Mars zu erwarten gewesen sei, habe Vespucci den von ihm mitgeführten Ephemeriden entnehmen, über das Verfahren selbst aber keinerlei Belehrung daraus schöpfen können, da dasselbe dort nicht

---

[97]) Die Reformation der Sternkunde. Jena 1852, 76.
[98]) Vita e lettere di Amerigo Vespucci. Firenze 1745.
[99]) Saggi di Dissertationi acad. publ. lette nella nob. acad. Etrusca di Cortona. Firenze 1791, 283—364.
[100]) Monatl. Correspondenz XXII, 1810, 530ff.
[101]) Norimb. 1514. Daselbst Kap. IV, Annotatio octava.
[102]) Histoire de la science naut. portug. 1917, 67.

beschrieben sei. Und nun kommt das Neue. Vespucci hatte geschrieben „*riscontravolo con l'Almanaco di Giovanni da Monteregio, accordandolo con le calcazioni del Re D. Alfonso*". Daraus folgert Bensaude schlankweg: „Comment Vespucci a-t-il connu la méthode du calcul, est-ce par les Ephémérides? Non puisque nulle part dans ce livre il en est question; c'est dans les „*calcolazioni delle Tavole del Re D. Alfonso*", qu'il a appris le procédé". Und kurz zuvor versichert er noch bestimmter: „Vespucci avait puisée la méthode dans les *Libros del Saber* du roi Alphonse, òu elle se trouve plusieurs fois répétée. C'est donc par les Libros del Saber que Vespucci connu la méthode". Für diese kühne Behauptung bleibt uns der sonst so streng jeden Ausspruch durch ein genaues Zitat belegende Autor jeglichen Beweis schuldig. Er zeigt damit zugleich, wie wenig er die Libros del Saber kennt. Bekanntlich sind dieselben bis zum Jahre 1866, wo sie in einer großen Prachtausgabe von Rico y Sinobas publiziert wurden, Manuskript geblieben. Nirgends findet sich dort — auch nicht in den „Canones" zu den lateinischen Ausgaben der Tabulae Alfonsinae — eine Andeutung über die fragliche Methode. Ich vermute, daß Bensaude ein Opfer seiner eigenen Unkenntnis geworden ist. Denn im Jahre 1912 hat er offenbar von der Anwendung der Methode der Mondabstände durch Vespucci noch keine Kenntnis. Damals war er noch im Glauben, daß der Florentiner die Ephemeriden 1499 benutzt habe: „pour déterminer la longitude de Vénézuela par rapport à Cadix, à l'aide d'une éclipse de la lune". Später (L'astron. naut. p. 10) spricht Bensaude vom „calcul des longitudes par la méthode de la différence de l'heure d'une éclipse, comme l'a fait Vespucci en 1499" (a. a. O. p. 21). Nun findet sich im III. Buche der Libros del Saber ein Kapitel überschrieben: *De saber tomar la longueza de las villas per los eclipses lunares*, worin in sehr allgemeinen Wendungen von dem Vergleich der Ortszeiten gesprochen wird, zu welchen eine Mondfinsternis an zwei verschiedenen Orten beobachtet wird, um daraus ihren Längenunterschied zu finden. Vermutlich hat ein solches Stichwort den Irrtum Bensaudes veranlaßt. Jedenfalls muß der portugiesische Forscher, dem allein wir diese ganz neue Legende verdanken, in diesem Fall der nämlichen Oberflächlichkeit geziehen werden, welche er nicht müde wird, den deutschen Autoren vorzuwerfen.

Nun läßt sich bei näherem Studium des Wortlauts des Briefes vom 18. Juli 1500 eine Reihe ernstester Bedenken sachlicher Natur gegen die vermeintliche Längenbestimmung erheben. Hier sollen nur die hauptsächlichsten derselben angedeutet werden, im übrigen muß ich erneut auf meine ausführlichen Darlegungen über die Legende verweisen.

a) Der Brieftext spricht bei Erwähnung der Ephemeriden des Monteregio „che fu composti al Meridiano della città di Ferrara". In Wahrheit gelten sie für den Meridian von Nürnberg, und Ferrara kommt in Regiomontans *Tabulæ civitatum* überhaupt nicht vor. Groß ist indessen der Einfluß dieser Verwechslung auf das Gesamtergebnis nicht, da Ferrara nur wenig östlicher als Nürnberg liegt. Aber das Seltsame ist, daß der nach seiner Vorbildung und seinem nautisch-astronomischen Wissen weit über Kolumbus stehende Vespucci bei seiner Berechnung einfach Calis (Cadix) an die Stelle Ferraras gesetzt haben sollte, ohne zuvor die Zeit, welche die Ephemeriden für die Konjunktion Mond—Mars am 23. August 1499 angeben, nämlich um Mitternacht (*la cuale seconde l'Almanaco areva a essere a mezza notte*) beim Übergang zum 24. August, auf die Ortszeit des mindestens $17\frac{1}{2}°$ L. oder $1^h 9^m$ in Zeit westlicher liegenden Cadix zu übertragen.

b) Vespucci will im Westen um $7\frac{1}{2}^h$ abends beobachtet haben, daß der Mond $1°$ östlich des Mars gestanden habe, um Mitternacht dagegen bereits $5\frac{1}{2}°$ von dem Planeten entfernt gewesen sei. Da hiernach der Mond in $12^h - 7^h = 4\frac{1}{2}$ Stunden sich um $4\frac{1}{2}°$ fortbewegt haben müßte, so soll Vespucci daraus geschlossen haben, daß der Mond sich in jeder Stunde um $1°$ bewegt und folglich um $6\frac{1}{2}^h$ p. m. in Konjunktion mit dem Mars gestanden habe. Hier wird man zunächst die Frage aufwerfen, in welcher Weise hat Vespucci diese Bogenabstände des Mondes bzw. des Mondrandes vom Mars messen können? Astrolabium und Quadrant, ausschließlich für Messungen in der Vertikalebene bestimmt, konnte er dafür nicht anwenden. Der Jakobstab, *Balhestilha* von den Portugiesen des 16. Jahrhunderts genannt, war, wie in § 26 ausführlich dargelegt ist, nach unseren heutigen Kenntnissen in der

Marine noch nicht bekannt, stand ihm also nicht zur Verfügung. Im übrigen lassen sich so kleine Winkel von 1° und 4½° mit dem Jakobstab direkt überhaupt nicht messen. Nimmt man eine bloße Schätzung mit dem Auge, etwa nach Monddurchmessern ($= \frac{1}{2}°$) an, so bleibt der Einwurf Breusings[103]) unbedingt als ein schwerwiegender bestehen, daß ein Mann von den nautischen Kenntnissen Vespuccis dem Monde unmöglich eine mittlere Geschwindigkeit von einem ganzen Grad in einer Stunde gegeben haben kann. Man kann hinzufügen, daß die Ephemeriden auf der gleichen Seite, welche die fragliche Konjunktion vom 23. August 1499 mitteilt, auch die astronomische Länge des Mondes für jeden Mittag gibt, woraus Vespucci mit Leichtigkeit hätte ersehen können, daß in jenen Tagen der Mond tatsächlich noch nicht 12° in 24 Stunden, also kaum 30' in einer Stunde fortrückte.

Beschränken wir uns auf diese Einwendungen, so sieht man, daß, wenn auch das allgemeine Prinzip der Methode richtig zur Anwendung gebracht worden wäre, die Durchführung an Widersprüchen so erheblicher Natur leidet, daß sie weit über Fehler in der Ungenauigkeit der Beobachtung hinausgeht, an welchen astronomische Ortsbestimmungen im damaligen Zeitalter noch so vielfach leiden.

c) Zu diesen sachlichen Bedenken gesellen sich die formellen, welche sich schon früher gegen die Echtheit des gesamten Briefes vom 18. Juli 1500 erhoben haben. Es geschah schon 1842 vom Vicomte de Santarem; sie wurden eingehender besonders von F. H. de Varnhagen begründet und von zahlreichen Forschern über das Zeitalter der Entdeckungen geteilt und erweitert. Ich erinnere daran, daß J. Berchet, dem die Publikation aller authentischen Dokumente von Zeitgenossen der Entdeckung von Amerika über letztere in dem großen Sammelwerk der Raccolta Colombiana oblag, den Brief vom 18. Juli 1500 unter die Briefe Vespuccis nicht aufnahm, weil er bei Berechnung der Unechtheit an sich trage.

Der Brief ist von Bandini einem Band von Manuskripten entnommen, der einst im Besitz des 1514 verstorbenen Pier Vaglianti war und jetzt in der Bibliotheca Riccardiana zu Florenz aufbewahrt wird. Die Haupteinwände gegen seine Echtheit gipfeln im Datum des Briefes. „Sevilla 18. Juli 1500"; denn nach den neueren Forschungen steht fest, daß Vespucci erst am 8. September 1500 von seiner zweiten, unter Hojedas Führung unternommenen Westfahrt heimgekehrt ist. Varnhagen versicherte ferner schon 1865, daß das verwendete Papier des Briefes florentinischen Ursprungs und weder die Handschrift noch die Signatur unter dem Briefe die dem Vespucci eigentümliche sei. Auch sind in dem Briefe Anschauungen über den Zusammenhang der neuentdeckten Landstriche mit Asiens Ostküste enthalten, welche den von Vespucci in seinen unzweifelhaft echten Briefen niedergelegten durchaus widersprechen. Hinzugefügt sei meinerseits ein weiteres Bedenken. Vespucci verwendet bei Umrechnung der durchfahrenen 1300 Leghe von Calis nach dem Westen und später bei umgekehrter Umrechnung der Entfernung von 82½° L. in Leghe das Verhältnis 1° = 16⅔ Leghe oder 66⅔ Miglien. Das ist wie in § 29 näher dargelegt ist, im Wirrwarr jener Zeit, wo noch nicht alle möglichen Ansichten über die Größe des Erdgrades gang und gäbe waren, bereits als ein geläuterter Wert anzusehen, der nur noch mit dem von den Spaniern bevorzugten 1° = 17½ Leguas in Konkurrenz trat. Aber 1503, also drei Jahre später, zeigt der echte Brief Vespuccis, daß er bei Berechnung der Entfernung von Calis nach Gran Canaria (12° = 258 Leghe) den Erdgrad noch zu 21½ Leghe oder 86 Miglien annimmt, d. h. also den auf Eratosthenes zurückzuführenden Wert von 87½ Miglien. Eine Rückkehr zu diesem scheint mir ausgeschlossen, wenn Vespucci 1500 sich bereits dem wahrscheinlicheren Wert angeschlossen haben sollte.

Es liegt nach allem hier wieder ein Fall für die bedauerliche Tatsache vor, daß die eine Disziplin, wie hier die Astronomie, überlieferte Kenntnisse weiterträgt, ohne sich um die Fortschritte zu bekümmern, welche auf dem gleichen Arbeitsfeld eine Nachbarwissenschaft — in diesem Fall die Geschichte der Geographie — inzwischen gezeitigt hat. Noch im Jahre 1916 hebt W. Förster bei gleicher Gelegenheit hervor, daß die erste Karte, auf welcher sich der Name Amerika finde, die Weltkarte Peter Apians vom Jahre 1520 sei. Es ist ihm also nichts davon bekannt

---

[103]) Die nautischen Instrumente bis zur Erfindung des Spiegelsextanten. Bremen 1890, 46.

geworden, daß inzwischen längst die große Karte Waldseemüllers vom Jahre 1507 mit der gleichen Inschrift nicht nur entdeckt, sondern von Fr. v. Wieser und Jos. Fischer in einem monumentalen Werk mit Faksimiledruck der lange vermißten Karte veröffentlicht worden ist.

Haben wir es also in der sogenannten Längenbestimmung durch Mondabstände durch Vespucci tatsächlich mit einer unverbürgten Legende zu tun, so läßt sich allgemein behaupten, daß überhaupt das 15. Jahrhundert diese Methode noch nicht kannte.

Der nächste Versuch, auf dem gleichen Wege zu einer Längenbestimmung zu kommen, rührt, soweit wir heute wissen, vom Piloten des Magalhaẽs, Andres de San Martin, her, also volle 20 Jahre nach der vermeintlichen Beobachtung Vespuccis. Nach dem Bericht Herreras[104]), von dem man allerdings annimmt, daß ihm die Tagebücher San Martins vorgelegen hätten[105]), handelt es sich um eine Beobachtung der Konjunktion des Mondes mit dem Jupiter am 17. Dezember 1519 vor der Bucht von Rio de Janeiro, an der brasilianischen Küste. Aber das Resultat der ausführlich mit Zahlen belegten Längenberechnung, wonach diese letztere einen Unterschied der Ortszeiten von $17^h 55^m$ gegen Sevilla, also fast 270° L., ergeben haben soll — gegen 37 bis 38° in Wahrheit —, beweist, daß hier bisher nicht aufgeklärte Mißverständnisse der Überlieferung vorliegen. Auch dieser Fall spricht gegen die Wahrscheinlichkeit des dem Vespucci zugeschriebenen Versuchs.

Schlußbetrachtung.

Wir brechen hier ab, da sich unsere Aufgabe für jetzt nur auf die ältere Zeit der erwachenden Nautik erstrecken konnte. Denn nur für diese Zeit ist die Herbeischaffung neuen Materials zu einem gewissen Abschluß gekommen. Fast ausschließlich hatten wir uns dabei mit den Errungenschaften der Portugiesen zu beschäftigen, die damit den Spaniern um volle zwei Menschenalter, wenn nicht mehr, voraus waren. Die früher von uns solange aufrecht erhaltene Anschauung eines maßgebenden Einflusses der Deutschen auf die erste Entwicklung der wissenschaftlichen Nautik in Portugal kann fürder nicht aufrecht erhalten werden, wenn auch die völlige Negation eines solchen ins andere Extrem fallen würde. Es ist das unbestreitbare Verdienst J. Bensaudes, triftige Beweise für dieses Verhältnis herbeigeschafft zu haben.

Aber er ist dabei nicht stehen geblieben. Denn indem er die Geschichte der Nautik auch noch für die erste Hälfte des 16. Jahrhunderts oder kurz gesagt, bis zu dem fast plötzlichen Zurücktreten Portugals von der Führung auf diesem Gebiet in den vierziger Jahren weit eingehender, als es bisher geschehn, verfolgte, hat er das Übergewicht portugiesischer Leistungen gegenüber solchen von spanischer Seite in scharfe Beleuchtung gestellt. Wir erfahren, daß die Errungenschaften eines João de Lisboa (seit 1514), insbesondere seines Livro de Marinharia (vor 1526), daß Duarte Pachecos Esmeraldo de situ orbis (vor 1521), die Anweisungen, die Ruy Faleiro (1517 bis 1519) der Expedition Magalhaẽs mit auf den Weg gab, vor allem die *Arte del navigar* seines Bruders, Francisco Faleiro (1535), obwohl spanisch geschrieben, noch ganz wesentlich auf den Schultern des Regimento do estrolabio ruhten, daneben freilich auch Neues boten, bis die damalige Nautik durch Pedro Nunes (seit 1537) und die *Roteiros* von João de Castro (1538 bis 1541) einen Abschluß erhält. Die Inquisition und ihre Folgen setzen ein und ertöten das wissenschaftliche Leben in Portugal. Aber indem Bensaude zugleich jene Werke zu Encisos *Suma de geographia* (1519 und 1530), zu Valentin Fernandez *Repertorio dos tempos* (seit 1521 oder 1524), zu Pigafettas Anweisungen für die Navigation und Medinas *Arte de navegar* (1545) in Beziehung und Vergleich setzt, glaubt er das Hauptergebnis dieses zweiten Teils seiner Studien in den Worten zusammenfassen zu können[106]):

„La science nautique espagnole, dès ses débuts, d'Enciso (1519) à Medina (1545)

---

[104]) Historia general de los Hechos de los Castellanos en las Islas y Tierra Firme del Mar Oceano. Madrid 1726. Dec. II. Livro IV, Cap. X. (Vol. II, p. 104.) Erste Ausgabe 1601.
[105]) Humboldt, Krit. Untersuchungen I, 1836, 251.
[106]) L'histoire de la science naut. port. 1917, 46.

est le reflet de l'oeuvre scientifique portugaise; jusqu'à cette époque (1545), on peut la considérer comme étant la science nautique portugaise au service de l'Espagne."

Freilich darf man nicht vergessen, daß in den bisherigen Publikationen Bensaudes für die zum Teil in etwas apodiktischer Form vorgetragenen Anschauungen nur kurze Andeutungen gegeben werden, die, um überzeugend zu wirken, noch viel weiterer Ausführungen und ebenso gründlicher Durchprüfung bedürfen. Für die letztere ist eine Zeit ungünstig, welche wie die jetzige die Benutzung mancher der so überaus seltenen älteren Originalschriften oder der neueren ausländischen, besonders portugiesischen Literatur fast zur Unmöglichkeit macht. Sie muß also auf friedlichere Zeiten verspart werden.

Mehrfach bot sich mir im Rahmen meiner Studie Gelegenheit, zu den Protesten gegen die „Prétentions de priorité de l'Allemagne", denen Bensaude in seiner letzten Schrift von 1917 einen so breiten Raum widmet, Stellung zu nehmen. Freilich konnte der unbegreiflichste und unberechtigtste dabei nicht berührt werden. Da es sich dabei um eine von mir 1915 sehr eingehend in diesen Annalen behandelte Frage der wissenschaftlichen Nautik handelt, so sei es gestattet, meiner Abwehr gegen die mir unterstellten Anschauungen, die ich ausführlich in den Nachrichten der Kgl. Gesellschaft der Wissenschaften zu Göttingen begründete[107]), mit kurzen Worten zu gedenken. Denn schon hat sich daraus eine neue, allerdings jeder Grundlage entbehrende Legende gebildet.

In der Abhandlung „G. Mercator und die ersten Loxodromen auf Karten" hatte ich nachzuweisen gesucht, daß G. Mercator der erste gewesen zu sein scheine, der Loxodromen auf Karten, nämlich den Globusstreifen vom Jahre 1541, gezeichnet habe. Wenn Pedro Nunes hierauf einen mittelbaren Einfluß ausgeübt habe, so könnten dabei nur seine ältesten Schriften zur Nautik, die *Duos Tratados da carta de marear*" vom Jahre 1537 in Frage kommen. Allerdings gebe Nunes in diesen noch keine Anweisungen zur Berechnung von Rumbtafeln oder zur Zeichnung von Rumblinien und entwickle in Text und Figur noch falsche Vorstellungen über den Verlauf der Loxodromen, da er sie noch im Pol zusammenlaufen lasse. Trotzdem ich mit keinem Wort die Priorität der Behandlung der Loxodromie durch P. Nunes bestritten hatte, nur hervorhob, daß eine unmittelbare Beeinflussung Mercators durch Nunes sich nicht nachweisen lasse, bekämpft Herr Bensaude mit vielen Worten „La Priorité de la courbe loxodromique reclamée pour Mercator 1541, sous prétexte, qu'il devait avoir ignoré la courbe décrite par P. Nunes en 1537 (H. Wagner, 1915)." Und sofort nimmt man dies bei unseren Gegnern am Seinestrand auf. M. Bigourdan, der bekannte Astronom, spricht in seinem Elogium auf Herrn J. Bensaude 1916, von „Pierre Nonius, qui le premier décrit la courbe loxodromique (1537), reclamée aussi par la science allemande pour Mercator (!)". Doch genug, Interessenten mögen in meine Abwehr Einsicht nehmen, um die völlige Grundlosigkeit dieser Einwendungen zu erkennen. Aber Herrn Bensaude fordere ich auch an dieser Stelle auf, die gesamte gegen meine Ausführungen erhobene Reklamation öffentlich zurückzunehmen, wenn er sich bei uns den Ruf eines objektiven Forschers erhalten will.

Berichtigung zu S. 167. In dem Satz hinter Tafel 6 müssen die Worte „es ist klar . . .," daß damit allerdings dem Kalender der Stempel eines für ein bestimmtes Jahr geltenden aufgedrückt wird u. s. f." gestrichen werden. Verf. hat übersehen, daß auch in diesem Kalender die Wochenbuchstaben A, b, c, d, e, f, g die Daten des immerwährenden julianischen Kalenders sind. Bezeichnet man mit denselben die Wochentage vom 1. Januar an, so entfällt in der Tat auf den 1. März, mit welchem der Kalender des Regimento beginnt, der Wochenbuchstabe d, auf den 1. April der Buchstabe g und auf den 9. April, wie aus Tafel 6, S. 167, zu ersehen, der Buchstabe A u. s. f.

---

[107]) Mercator und die loxodromische Kurve. Eine Abwehr gegenüber Senhor Joaquim Bensaude (1917). Nachr. d. K. Ges. d. Wiss. zu Göttingen; Phil. hist. Kl. 1917, 239—267.